发展理论与实践

FAZHAN LILUN YU SHIJIAN

梅宪宾　著

中国社会科学出版社

图书在版编目（CIP）数据

发展理论与实践／梅宪宾著 . —北京：中国社会科学
出版社，2011.8

ISBN 978 - 7 - 5161 - 0063 - 9

Ⅰ. ①发… Ⅱ. ①梅… Ⅲ. ①发展理论 - 研究
Ⅳ. K02

中国版本图书馆 CIP 数据核字（2011）第 177768 号

责任编辑　王半牧
责任校对　王俊超
封面设计　弓禾碧
技术编辑　王炳图

出版发行　中国社会科学出版社
社　　址　北京鼓楼西大街甲 158 号　　邮　编　100720
电　　话　010 - 84029450（邮购）
网　　址　http：//www. csspw. cn
经　　销　新华书店
印　　刷　北京奥隆印刷厂　　　　　　装　订　广增装订厂
版　　次　2011 年 8 月第 1 版　　　　　印　次　2011 年 8 月第 1 次印刷
开　　本　880×1230　1/32
印　　张　8　　　　　　　　　　　　　插　页　2
字　　数　190 千字
定　　价　26.00 元

目　　录

绪　　论

　　发展是硬道理，解决中国所有问题的关键在于依靠自己的发展。我们以经济建设为中心，发展经济的根本目的，就是要提高全国人民的生活水平和质量。目前，我们已胜利完成了"十一五"规划确定的主要目标和任务，综合国力大幅提升，2010 年国内生产总值达到 39.8 万亿元，跃居世界第二位，国家财政收入达到 8.3 万亿元；载人航天、探月工程、超级计算机等尖端科技领域实现重大跨越。经济结构调整步伐加快，人民生活明显改善，体制改革有序推进，对外开放迈上新台阶，社会主义经济建设、政治建设、文化建设、社会建设以及生态文明建设取得重大进展。发展理论涉及政治、经济、文化、科技、教育、对外关系、党的建设等方方面面的内容，我们所研究的发展理论，是宏观的、全方位的。那么，什么是发展理论呢？

　　发展理论，是指以科学发展观为指导，通过改革开放，牢牢把握发展是党执政兴国的第一要务，在独立自主的基础上，实现中国社会主义现代化的一系列理论、方法和原则。它是关于中国的发展及如何发展的全局性、长远性、根本性的问题。其目标是：21 世纪头 20 年，全面建设小康社会；到 21 世纪中叶基本实现现代化，把我国建设成为富强、民主、文明、和谐的社会主义强国。

科学发展观是对党的三代中央领导集体关于发展的重要思想的继承和发展，是马克思主义关于发展的世界观和方法论的集中体现，是同马克思列宁主义、毛泽东思想、邓小平理论和"三个代表"重要思想既一脉相承又与时俱进的科学理论，是我国经济社会发展的重要指导方针，是发展中国特色社会主义必须坚持和贯彻的重大战略思想。

科学发展观是立足社会主义初级阶段基本国情，总结我国发展实践，借鉴国外发展经验，适应新的发展要求提出来的。进入新世纪新阶段，我国发展呈现一系列新的阶段性特征，这些阶段性特征主要表现在：第一，经济实力显著增强，同时生产力水平总体上还不高，自主创新能力还不强，长期形成的结构性矛盾和粗放型增长方式尚未根本改变；第二，社会主义市场经济体制初步建立，同时影响发展的体制机制障碍依然存在，改革攻坚面临深层次矛盾和问题；第三，人民生活总体上达到小康水平，同时收入分配差距拉大趋势还未根本扭转，城乡贫困人口和低收入人口还有相当数量，统筹兼顾各方面利益难度加大；第四，协调发展取得显著成绩，同时农业基础薄弱、农村发展滞后的局面尚未改变，缩小城乡、区域发展差距和促进经济社会协调发展任务艰巨；第五，社会主义民主政治不断发展、依法治国基本方略扎实贯彻，同时民主法制建设与扩大人民民主和经济社会发展的要求还不完全适应，政治体制改革需要继续深化；第六，社会主义文化更加繁荣，同时人民精神文化需求日趋旺盛，人们思想活动的独立性、选择性、多变性、差异性明显增强，对发展社会主义先进文化提出了更高要求；第七，社会活力显著增强，同时社会结构、社会组织形式、社会利益格局发生深刻变化，社会建设和管理面临诸多新课题；第八，对外开放日益扩大，同时面临的国际竞争日趋激烈，发达国家在经济科技上占优势的压力长期存在，可以预见和难以预见的风险增多，统筹国内发展和对外开放要求更高。

改革开放之初，邓小平同志提出的"三步走"战略的第三步只是一个远景规划。我们党在此基础上提出了在新世纪全面建设小康社会的奋斗目标，这是对邓小平同志"远景规划"的细化、量化和具体化。胡锦涛总书记根据当代中国的发展实际，认真总结了国内外发展的经验教训，提出了科学发展观。所谓科学发展观，第一要义是发展，核心是以人为本，基本要求是全面协调可持续，根本方法是统筹兼顾。

经过新中国成立以来特别是改革开放以来的不懈努力，我国取得了举世瞩目的发展成就，从生产力到生产关系、从经济基础到上层建筑都发生了意义深远的重大变化，但我国仍处于并将长期处于社会主义初级阶段的基本国情没有变，人民日益增长的物质文化需要同落后的社会生产之间的矛盾——这一社会主要矛盾没有变。当前我国发展的阶段性特征，是社会主义初级阶段基本国情在新世纪新阶段的具体表现。强调认清社会主义初级阶段基本国情，不是要妄自菲薄、自甘落后，也不是要脱离实际、急于求成，而是要坚持把它作为推进改革、谋划发展的根本依据。我们必须始终保持清醒头脑，立足社会主义初级阶段这个最大的实际，科学分析我国全面参与经济全球化的新机遇新挑战，全面认识工业化、信息化、城镇化、市场化、国际化深入发展的新形势、新任务，深刻把握我国发展面临的新课题、新矛盾，更加自觉地走科学发展道路，奋力开拓中国特色社会主义更为广阔的发展前景。

21世纪头20年，对我国来讲，是一个必须紧紧抓住并且可以大有作为的重要战略机遇期。党的十五大提出了到2010年、建党100年和新中国成立100年的发展战略目标。党的十六大报告提出要在 21 世纪头 20 年，集中力量全面建设惠及十几亿人口的更高水平的小康社会，使经济更加发展、民主更加健全、科学更加进步、文化更加繁荣、社会更加和谐、人民生活更加殷实。这是实现现代化建设第三步战略目标必经的承上启下的发展阶段，也是完善社会主义市场经济体制和扩大对外开放的关键阶段。经过这个阶段的建设，再继续奋斗几十年，到本世纪中叶基本实现现代化，把我国建成富强民主文明的社会主义国家。党的十七大在十六大确立的全面建设小康社会目标的基础上，对我国发展提出了新的更高要求：增强发展协调性，努力实现经济又好又快发展；扩大社会主义民主，更好保障人民权益和社会公平正义；加强文化建设，明显提高全民族文明素质；加快发展社会事业，全面改善人民生活；建设生态文明，基本形成节约能源资源和保护生态环境的产业结构、增长方式、消费模式。党的十七大还提出，要把我国建设成为富强、民主、文明、和谐的社会主义现代化强国。在全面建设小康社会的进程中，有条件的地方要率先基本实现现代化。这是一种大胆的、符合实际的创新，也是发展理论的战略突破点。

当代中国发展理论产生的条件：

第一，和平与发展是时代的主题，而发展则是核心问题。世界要和平，人民要合作，国家要发展，社会要进步，是时代的潮流。20 世纪，人类经历了两次世界大战的浩劫，各国人民备受战争之苦；同时也经历了冷战对峙的磨难，付出了巨大的代价。中国人民和世界人民一样，都不愿看到世界上任何地区再发生新的热战、冷战和动乱。中国人民和各国人民都渴望世界持久和平，渴望过上稳定安宁的生活，渴望建立公正合理的国际新秩序，渴望实现国际关系的民主化，渴望世界共同发展和共同繁荣，共同创造人类美好的未来。

第二，世界科技迅猛发展。以电子信息、生物技术和新材料等为主的一系列高新技术取得的重大突破和飞速发展，极大地改变了世界的面貌和人类的生活。科学技术日益渗透于经济发展和社会生活的各个领域，成为推动现代生产力发展的最活跃的因素，成为现代社会进步的决定力量。20世纪90年代以后，电子商务、互联网等更以巨大的威力改变着人们的生活，推动着生产力的发展。由于科技的发展，世界出现加速发展的趋势。形势逼人，不进则退。世界科技的迅猛发展，促使我们必须加速发展。

第三，改革开放取得的巨大成就，为今后的发展奠定了坚实基础。改革开放取得的巨大成就，为全面建设小康社会、实现社会主义现代化奠定了坚实的基础。

第四，改革开放遇到新情况。改革开放30多年来，经过不懈的努力奋斗，我们的改革开放事业取得了突破性进展，我们所取得的巨大成就举世瞩目、有目共睹。同时，我们也面临着国际金融危机影响深远，世界经济增长速度减缓，全球需求结构出现明显变化，围绕市场、资源、人才、技术、标准等的竞争更加激烈，气候变化以及能源资源安全、粮食安全等全球性问题更加突出，各种形式的保护主义抬头，我国发展的外部环境更趋复杂；我国发展中不平衡、不协调、不可持续问题依然突出，主要是，经济增长的资源环境约束强化，投资和消费关系失衡，收入分配差距较大，科技创新能力不强，产业结构不合理，农业基础仍然薄弱，城乡区域发展不协调，就业总量压力和结构性矛盾并存，物价上涨压力加大，社会矛盾明显增多，制约科学发展的体制机制障碍依然较多等问题。这些都需要在发展中予以回答、予以解决。

第五，国际共产主义运动的教训。20世纪80年代末90年代初，东欧巨变，国际共产主义运动遭受重大挫折。出现这种情况，原因尽管很多，但其中一个主要原因就是这些国家的共产党在执政以后，没有很好地致力于解放和发展生产力，人民的生活水平和质量长期得不到改善和提高，社会主义制度的优越性没有充分地发挥出来，因而失去了广大人民群众的信任和支持。我们必须以此为鉴，聚精会神搞建设，一心一意谋发展。

当代中国发展理论的特征：

第一，时代性。发展理论具有鲜明的时代特征。在第二步战略目标实现以后，又把第三步战略目标进一步具体化，提出在 21 世纪头 20 年全面建设小康社会，21 世纪中叶基本实现现代化，这是切合中国实际的。目前国际上的竞争，说到底是以经济、科技为基础的综合国力的竞争，所以我们要抓住机遇，加快发展。

第二，实践性。发展理论具有强烈的实践性特征。建设中国特色社会主义的伟大实践，是发展理论形成的不竭源泉；在实践基础上形成的发展理论，又用以指导中国的发展——这一新时期中国最伟大的实践。

第三，继承性。发展理论是对毛泽东、邓小平发展理论的继承和发展。我们在前人奋斗成果的基础上，开创了新时期中国现代化建设的新局面。没有继承，就没有发展；只有发展，才是最好的、真正的继承。

第四，开放性。社会主义作为一种崭新的社会制度，只有在继承和利用资本主义社会已经创造出来的全部社会生产力和全部优秀文化成果的基础上，并结合新的实际进行新的创造，才能顺利建设成功。中国要发展和进步，离不开对世界各国文明成果的学习和吸收。我们的社会主义现代化建设需要继承和发扬中华民族的优秀文化传统，但同时，也需要学习和吸收世界各国人民包括在资本主义制度下创造的优秀文明成果。只有这样，我们才能少走弯路，我们的现代化建设才有可能早日实现。所以，开放性是发展理论的鲜明特征。

第五，全面性。我们所进行的现代化是社会主义的现代化，包括政治、经济、文化等各个方面的内容，它要求社会主义全面进步和人的全面发展。所以，发展理论是全面的，包括各个方面的内容。

第六，创新性。创新是一个民族的灵魂，是一个国家兴旺发达的不竭动力，也是一个政党永葆生机的源泉。面对国际国内的新情况、新问题，我们必须紧跟时代发展的潮流，不断研究新情况，解决新问题，形成新认识，开辟新境界，以此推动社会的全面进步和发展。

发展理论的主要内容包括：发展条件、发展动力、发展目标、发展途径、发展战略、发展机遇、发展速度、和谐发展、均衡发展、开放发展、创新发展等方面的内容。这一理论博大精深，涵盖面广，需要我们很好地学习、研究、实践。

当代中国发展理论的意义：

第一，理论意义。在继承前人的基础上，开拓马克思主义的新境界。"解决中国的所有问题，关键在发展；解决人们的思想认识问题，说服那些不相信社会主义的人，坚定人们对社会主义和祖国未来前途的信念和信心，最终也要靠发展。"① 这就从理论上阐明了发展的重大意义。

第二，实践意义。一切科学的理论，总是从实践中来，又回到实践中去，接受检验，指导实践。发展理论来源于实践，是对实践经验的总结，同时对实践又具有重要的指导意义。全

---

① 江泽民：《论"三个代表"》，中央文献出版社 2001 年版，第 123 页。

面建设小康社会，有条件的地方率先基本实现现代化，这本身就是亿万人民在科学的发展理论指导下，所进行的异常生动活泼、丰富多彩的伟大实践，其最终结果将会实现中华民族的伟大复兴。

第三，开辟了发展社会主义的新途径。社会主义的诞生，翻开了人类历史上崭新的一页。但社会主义的实践、社会主义建设目标的实现，各个社会主义国家会有不同的发展途径和模式。中国社会主义的实践、发展模式及其所取得的突破性成就，向世人展示了中国社会主义的发展新途径和无比的优越性。

"十二五"规划主要目标

今后五年经济社会发展的主要目标是：

——经济平稳较快发展。国内生产总值年均增长7%，城镇新增就业4500万人，城镇登记失业率控制在5%以内，价格总水平基本稳定，国际收支趋向基本平衡，经济增长质量和效益明显提高。

——结构调整取得重大进展。居民消费率上升。农业基础进一步巩固，工业结构继续优化，战略性新兴产业发展取得突破，服务业增加值占国内生产总值比重提高4个百分点。城镇化率提高4个百分点，城乡区域发展的协调性进一步增强。

——科技教育水平明显提升。九年义务教育质量显著提高，九年义务教育巩固率达到93%，高中阶段教育毛入学率提高到87%。研究与试验发展经费支出占国内生产总值比重达到2.2%，每万人口发明专利拥有量提高到3.3件。

——资源节约环境保护成效显著。耕地保有量保持在

18.18亿亩。单位工业增加值用水量降低30%，农业灌溉用水有效利用系数提高到0.53。非化石能源占一次能源消费比重达到11.4%。单位国内生产总值能源消耗降低16%，单位国内生产总值二氧化碳排放量降低17%。主要污染物排放总量显著减少，化学需氧量、二氧化硫排放量分别减少8%，氨氮、氮氧化物排放量分别减少10%。森林覆盖率提高到21.66%，森林蓄积量增加6亿立方米。

——人民生活持续改善。全国总人口控制在13.9亿人以内。人均预期寿命提高1岁，达到74.5岁。城镇居民人均可支配收入和农村居民人均纯收入分别年均增长7%以上。新型农村社会养老保险实现制度全覆盖，城镇参加基本养老保险人数达到3.57亿人，城乡三项基本医疗保险参保率提高3个百分点。城镇保障性安居工程建设3600万套。贫困人口显著减少。

——社会建设明显加强。覆盖城乡居民的基本公共服务体系逐步完善。全民族思想道德素质、科学文化素质和健康素质不断提高。社会主义民主法制更加健全，人民权益得到切实保障。文化事业加快发展，文化产业占国民经济比重明显提高。社会管理制度趋于完善，社会更加和谐稳定。

——改革开放不断深化。财税金融、要素价格、垄断行业等重要领域和关键环节改革取得明显进展，政府职能加快转变，政府公信力和行政效率进一步提高。对外开放广度和深度不断拓展，互利共赢开放格局进一步形成。

"十二五"时期经济社会发展主要目指标

指标	2010 年	2015 年	年均增长（%）	属性
经济发展				
国内生产总值（万亿元）	39.8	55.8	7	预期性
服务业增加值比重（%）	43	47	[4]	预期性
城镇化率（%）	47.5	51.5	[4]	预期性
科技教育				
九年义务教育巩固率（%）	89.7	93	[3.3]	约束性
高中阶段教育毛入学率（%）	82.5	87	[4.5]	预期性
研究与试验发展经费支出占国内生产总值比重（%）	1.75	2.2	[0.45]	预期性
每万人口发明专利拥有量（件）	1.7	3.3	[1.6]	预期性
资源环境				
耕地保有量（亿亩）	18.18	18.18	[0]	约束性
单位工业增加值用水量降低（%）			[30]	约束性
农业灌溉用水有效利用系数	0.5	0.53	[0.03]	预期性
非化石能源占一次能源消费比重（%）	8.3	11.4	[3.1]	约束性
单位国内生产总值能源消耗降低（%）			[16]	约束性
单位国内生产总值二氧化碳排放降低（%）			[17]	约束性
主要污染物排放总量减少（%） 化学需氧量			[8]	约束性
二氧化硫			[8]	
氨氮			[10]	
氮氧化物			[10]	
森林增长 森林覆盖率（%）	20.36	21.66	[1.3]	约束性
森林蓄积量（亿立方米）	137	143	[6]	
人民生活				
城镇居民人均可支配收入（元）	19109	>26810	>7	预期性
农村居民人均纯收入（元）	5919	>8310	>7	预期性
城镇登记失业率（%）	4.1	<5		预期性
城镇新增就业人数（万人）			[4500]	预期性
城镇参加基本养老保险人数（亿人）	2.57	3.57	[1]	约束性
城乡三项基本医疗保险参保率（%）			[3]	约束性
城镇保障性安居工程建设（万套）			[3600]	约束性
全国总人口（万人）	134100	<139000	<7.2‰	约束性
人均预期寿命（岁）	73.5	74.5	[1]	预期性

注：①国内生产总值和城乡居民收入绝对数按 2010 年价格计算，增长速度按可比价格计算；②[ ]内为五年累计数；③城乡三项基本医疗保险参保率指年末参加城镇职工基本医疗保险、城镇居民基本医疗保险和新型农村合作医疗的总人数与年末全国总人口之比；④城乡居民收入增长按照不低于国内生产总值增长预期目标确定，在实施中要努力实现和经济发展同步。

（资料来源：《中华人民共和国国民经济和社会发展第十二个五年规划纲要》）

第 一 章

发 展 条 件

　　解决中国所有问题的关键，在于依靠自己的发展。中国的发展，具备了一定的国内条件、国际环境和实践基础，同时又有中国共产党的坚强领导。所有这一切，都必将促使中国加快发展，最终实现中国的社会主义现代化和中华民族的伟大复兴。

一、国内条件

　　改革开放以来，我国的社会主义现代化建设取得了巨大成就。近年来，我国的国民经济持续快速健康发展。社会主义民主政治和精神文明建设成效显著。民主法制建设继续推进，政治体制改革迈出新步伐。爱国统一战线发展壮大，民族、宗教和侨务工作取得新成效。科技、教育、文化、卫生、体育和计划生育等事业全面进步。宣传舆论工作和思想道德建设不断加强，群众精神文化生活日益丰富。国防和军队建设迈出新步伐。人民解放军的革命化、现代化、正规化建设继续加强，国防实力和军队防卫作战能力进一步提高。军队、武警和民兵在保卫和建设祖国中发挥重要作用。

　　人民生活总体上达到小康水平。城乡居民收入稳步增长。

城乡市场繁荣，商品供应充裕，居民生活质量提高，衣食住行都有较大改善。社会保障体系建设成效明显。祖国统一大业取得新进展，我国政府恢复对港澳行使主权。坚持贯彻"一国两制"方针，严格执行《香港特别行政区基本法》和《澳门特别行政区基本法》，香港和澳门社会经济稳定。海峡两岸人员往来和经济文化交流不断加强。反对"台独"等各种分裂图谋的斗争深入开展。

对外开放工作开创了新局面。对外开放是建设中国特色社会主义的一项基本国策。人类社会发展的历史就是一个市场范围不断突破区界以至国界，逐渐形成区域市场、全国市场进而国际市场的过程。第二次世界大战结束后的50年，世界经济快速增长，全世界国民生产总值由3万亿美元增加到30万亿美元，其中因素固然很多，但有一条不能否认，这就是战后特别是20世纪70年代以来，国际交流与合作空前增加，全球经济一体化趋势明显加快，各国以更加开放的姿态积极参与国际经济合作和竞争的结果。我国对外开放政策的提出，既是对中国长期封闭半封闭导致停滞落后的历史教训深刻总结的结果，也是对国际形势的变化和当代世界经济、科技发展趋势敏锐观察的结果。

党的建设全面加强。办好中国的事情，关键在党。党的十七大强调，中国特色社会主义事业是改革创新的事业。党要站在时代前列带领人民不断开创事业发展新局面，必须以改革创新精神加强自身建设，始终成为中国特色社会主义事业的坚强领导核心。这是根据党面临的世情、国情、党情和肩负的历史使命提出的加强和改进党的建设、坚持和改善党的领导的根本要求。这个根本要求，突出强调了两点，一个是党必须以改革创新精神加强自身建设，另一个是党必须始终成为中国特色社会主义事业的坚强领导核心。为什么要突出强调这两点呢？这是因为，在深刻变化的国内外形势下，党面临的执政考验、改革开放考验、市场经济考验将是长期的、持续的，也是复杂的、严峻的。党能不能始终带领人民走在时代前列，能不能始终成为中国特色社会主义事业的坚强领导核心，关系党的执政地位的巩固，关系中国特色社会主义事业的成败，是对党的最根本的考验。我们党根据时代的发展和实践的需要，提出并深刻阐述了科学发展观，党的十七大把它与马克思主义、毛泽东思想、邓小平理论和"三个代表"重要思想一起，确立为党的指导思想，具有重大的现实意义和深远的历史意义。同时，党的思想、组织、作风建设全面推进，思想政治工作得到加强；干部制度改革迈出新步伐；廉政建设和反腐败斗争深入开展，取得新的明显的成效。

所有这些成绩的取得，为我们以后的发展开辟了道路，也为我们在 21 世纪中叶实现现代化奠定了坚实的基础。

二、国际环境

和平与发展是时代的主题。世界多极化和经济全球化是大势所趋，科技进步日新月异，综合国力竞争日趋激烈，世界的力量组合和利益分配正在发生新的深刻变化。世界要和平，人民要合作，国家要发展，社会要进步，是时代的潮流。

当今世界正处在大变动的历史时期。两极格局已经终结，各种力量重新分化组合，世界正朝着多极化方向发展。新格局的形成将是长期的、复杂的过程。在今后一个较长的时期内，争取和平的国际环境，避免新的世界大战，是有可能的。同时也要看到，目前国际形势仍然动荡不安。世界各种矛盾在深入发展，不少国家和地区的民族矛盾、领土争端和宗教纷争突出起来，甚至酿成流血冲突和局部战争。国际经济竞争日趋激烈，许多发展中国家经济环境更加恶化，南北差距进一步扩大。在这种新的国际形势面前，中国共产党、中国政府和中国人民必须继续积极发展对外关系，努力为我国的改革开放和现代化建设争取有利的国际环境，为世界的和平与发展作出自己的贡献。因为和平与发展仍然是当今世界两大主题。发展需要和平，和平离不开发展。霸权主义、强权政治的存在，始终是解决和平与发展问题的主要障碍。世界的发展也绝不能建立在广大发展中国家贫穷落后的基础之上。国际形势的巨变和动荡促使世界人民进一步觉醒。具有共同历史遭遇的发展中国家维护独立主权、团结合作的趋势正在加强。世界要和平，国家要发展，社会要进步，经济要繁荣，生活要提高，已成为各国人民的普遍要求。

在和平稳定中谋求发展，这是当今世界的头等大事。世界经济日益国际化，各国之间的经济联系日益加深。生产布局，投资走向，金融往来，科技开发，人才培养，乃至环境保护，都跨越了国界。世界贸易的增长幅度大大超过了世界经济的增长幅度。科技革命正在向各行各业渗透，经济活动的规模不断扩大、速度加快。这样一种全球经济的发展肯定不断长久地建立在少数国家发达、多数国家落后的基础上。世界经济需要新的动力，世界市场需要新的补充。广大发展中国家经济的兴盛，是世界经济持续增长的希望所在。现在，世界上越来越多的发展中国家顺应世界经济国际化的发展趋势，从本国的实际出发，已经或者正在走上具有自己特色的发展道路。就发展中国家而言，经济上的腾飞将是 21 世纪世界新格局的一个重要标志；发展中国家经济的兴旺发达，将是对人类社会进步的重大贡献。

经济全球化趋势是当今世界经济和科技发展的产物，它"要求各国积极参与国际经济合作，但各国在扩大开放时应根据本国的具体条件，循序渐进，注重提高防范和抵御风险的能力"。① 同时，经济全球化趋势"使各国经济的相互依存、相互影响日益加深。一旦某些国家和地区发生经济危机，不仅发展中国家会深受其害，发达国家也难以置身其外。全球化的经济需要全球性的合作。国际社会的所有成员应本着责任与风险共担的精神，共同维护世界经济的稳定发展"。②

经济全球化趋势已经和正在给各国经济发展带来深刻的影响，我们既面临着新的发展机遇，也面临着严峻挑战，一定要增强紧迫感，努力使自己发展得更快、更好。经济全球化使各国间的经济联系日益紧密，但世界经济的发展变化也出现了三个值得我们高度关注的动向：一是世界范围内正在进行经济结构调整。近年来，各国尤其是发达国家的产业结构、产品结构、企业结构发生了重大变化。新型产业迅猛发展，特别是信息产业的发展，促使传统产业发生变革。新产品层出不穷，高科技产品在社会生产中所占比重日益提高。西方国家企业并购大潮迭起，大大提高了它们抢占市场、垄断技术、获取超额利润的能力。二是科技进步突飞猛进。电子计算机的应用，信息技术的开发，新材料、新能源、基因工程、航天技术等高新技术的运用，使社会生产方式和生活方式发生了重大变化。知识或智力资源的占有、配置、生产和运用已经成为经济发展的重要依托。各国的综合国力竞争更加倚重于科技进步和知识创新。三是跨国公司的影响力日益增大。跨国公司的迅猛扩张，引起了投资方式和国际分工的变化，加速了生产、投资、贸易、金融

---

① 《人民日报》，1998 年 11 月 19 日。
② 同上。

的全球化，密切了国际经济联系，同时也加剧了国际竞争。由此可以看出，经济全球化是一把双刃剑，既给各国的发展提供了新的条件，也不同程度地带来了风险。因此，我们必须趋利避害，采取正确的措施，在经济全球化中加快自己的发展。

和平与发展仍然是时代的主题，"世界多极化和经济全球化在曲折中发展，科技进步日新月异，综合国力竞争日趋激烈，世界的力量组合和利益分配正在发生新的深刻变化。和平与发展这两大课题至今一个都没有解决，天下仍很不太平。"① 和平与发展是相辅相成的。世界和平是促进各国共同发展的前提条件，各国的共同发展则是保持世界和平的重要基础。和平与发展的核心问题是南北问题。如果发达国家能够本着平等、公平和互惠互利的原则，切实支持和帮助广大发展中国家发展经济和文化，使之尽快摆脱贫困落后状态，世界的和平与发展问题就有了解决的重要基础。

维护世界和平、促进共同发展的正确途径是：顺应时代潮流和各国人民的意愿，因势利导，积极推动建立公正合理的国际政治经济新秩序。对于经济全球化，我们应正确引导，以此促进各国实现共同发展。因为经济全球化是一种客观趋势，有利于促进资金、技术等生产要素在国际社会的流动和优化配置，有利于推动世界生产力的发展，但不容忽视的是，在目前的经济全球化进程中，发达国家是主要受益者，而发展中国家获益甚少，有的甚至有被边缘化的危险。国际社会应共同努力，趋利避害，实现共赢共存，使经济全球化朝着有利于世界经济平衡、稳定和可持续发展的方向前进，以缩小南北差距，防止"贫者愈贫，富者愈富"现象继续发展。这不仅是实现各国共

① 《江泽民论有中国特色社会主义》（专题摘编），中央文献出版社2002年版，第521页。

同发展的需要，也是维护世界和平与稳定的需要。要和平稳定，不要战争动乱，要繁荣进步，不要贫穷落后，这是世界各国人民的共同心愿。当前，世界多极化和经济全球化持续发展，以信息科技和生命科技为核心的现代科学技术突飞猛进。各国人民渴望持久和平与普遍繁荣，是时代进步的强大动力。

维护和平，促进发展，事关各国人民的福祉，是各国人民的共同愿望，也是不可阻挡的历史潮流。世界多极化和经济全球化趋势的发展，给世界的和平与发展带来了机遇和有利条件。新的世界大战在预见的时期内打不起来。争取较长时期的和平国际环境和良好周边环境是可以实现的。中国历来主张顺应历史潮流，维护全人类的共同利益，并愿与国际社会共同努力，积极促进世界多极化，推动多种力量和谐并存，保持国际社会的稳定；积极促进经济全球化朝着有利于实现共同繁荣的方向发展，趋利避害，使各国特别是发展中国家都从中受益。

只有争取有利的国际环境，我们的发展战略目标才能顺利实现。和平与发展是时代的主题，而发展则是核心问题。中国的发展总体上具备了较为有利的国际环境，从而使今后的发展能够在一个相对和平、稳定的国际环境中进行。

三、实践基础

实践是认识的基础，对认识起着决定性的作用。实践告诉我们："解决中国的所有问题，关键在发展"，"能不能抓住机遇，加快发展，是一个国家、一个民族赢得主动、赢得优势的关键所在"；[1] "必须坚持以发展为主题，用发展的眼光、发展

① 《中共十三届四中全会以来历次全国代表大会中央全会重要文献选编》，中央文献出版社2002年版，第45页。

的思路、发展的办法来解决前进中的问题";① 发展离不开改革创新，发展要有新思路；解决西部问题的根本途径在于加快发展；发展要有新思路，改革要有新突破，开放要有新局面，各项工作要有新举措等。这些对发展问题的智慧结晶，无一不闪烁着实践的光芒。

在实现社会主义现代化的历史进程中，有条件的地方可以率先基本实现现代化。这正是我们党深刻总结了我国现代化的进程、经验而对现代化建设提出的新思路，具有重要的理论和实践指导意义。

建设中国特色社会主义的实践，取得了丰硕的成果，为新世纪全面建设小康社会，实现物质文明、政治文明、精神文明、社会文明的协调发展，实现中国的社会主义现代化和中华民族的伟大复兴铺平了道路。发展理论来源于实践，是实践经验的总结；同时又指导实践，并在实践中不断地丰富、完善和发展。所以，我们所讲的发展理论，是建立在坚实的实践基础之上的。

四、党的领导

总结近代以来中国发展的历程和世界很多国家特别是发展中国家的经验教训可以知道：在中国这样一个人口多、底子薄、经济文化发展很不平衡、多民族的发展中大国，要把13亿多人的思想统一起来，力量凝聚起来，向着社会主义现代化建设的共同目标前进，必须有中国共产党这个核心力量，必须有中国共产党的坚强领导。否则，一盘散沙，四分五裂，不仅建设搞不起来，而且必然陷入混乱的深渊。

---

① 《中共十三届四中全会以来历次全国代表大会中央全会重要文献选编》，中央文献出版社2002年版，第183页。

在发展的过程中，我们要克服困难，摆脱经济困境，必须加强党的领导，充分发挥政治优势，团结全党、全国各族人民，同心同德，脚踏实地，努力奋斗。中国共产党是领导我国各族人民进行社会主义现代化建设和改革开放事业的核心力量。党的领导，永远要坚持。

党的十一届三中全会以来，我们党领导人民全面开创了改革开放和现代化建设的新局面。伟大、光荣、正确的中国共产党，不仅能够领导革命取得胜利，而且能够领导改革和建设取得胜利。任何怀疑、削弱、否定党的执政地位和领导作用的观点与做法，都是很错误和十分有害的。在新的历史时期，党所处的环境和肩负的任务有了很大变化，党的思想、政治、组织、作风建设都面临许多新情况和新问题。我们一定要结合新的实际，遵循党的基本路线，坚持党要管党和从严治党，加强和改进党的建设，努力提高党的执政水平和领导水平，使我们这个久经考验的马克思主义的党在建设中国特色社会主义的伟大事业中更好地发挥领导核心的作用。

中国共产党是领导和团结全国各族人民建设中国特色社会主义伟大事业的核心力量。我们党作为执政党，肩负着历史的重任，经受着时代的考验，必须加强自身建设，不断提高领导水平和执政水平。我们党根据世界发生重大转折、各种政治力量的斗争错综复杂以及以经济和科技为基础的综合国力较量日趋激烈的现实，提出要进一步解放思想，抓住机遇，加快改革开放和现代化建设的步伐，建立社会主义市场经济体制，推动我国的社会生产力、综合国力和人民物质文化生活水平再上新台阶。而所有这一切，都必须依靠中国共产党的坚强领导。

中国共产党是全国各族人民的领导核心。党的领导地位是由党的工人阶级先锋队性质决定的，是经过长期斗争考验形成的。在中国，从来没有任何一个政治组织像我们党这样集中了那么多先进分子，组织得那么严密和广泛，为中华民族做出了那么多牺牲，同人民保持着密切的联系。历史把重大责任赋予我们党，人民对我们党寄予了厚望。党领导人民在 20 世纪写下了光辉篇章，也一定能在 21 世纪写下新的光辉篇章。

事实充分证明，中国共产党不愧为伟大、光荣、正确的马克思主义政党，不愧为领导中国人民不断开创新事业的核心力量。总结我们党多年的奋斗历程和基本经验，在新世纪我们党要继续站在时代前列，带领人民胜利前进，就必须始终代表中国先进生产力的发展要求，代表中国先进文化的前进方向，代表中国最广大人民的根本利益。我们党只有在世界形势深刻变化的历史进程中始终走在时代前列，在应对国内外各种风险考验的历史进程中始终成为全国人民的主心骨，才能在今后建设中国特色社会主义历史进程中始终成为坚强的领导核心。

2002 年 11 月 8 日，党的十六大报告指出："在我们这样一个多民族的发展中国家，要把全体人民的意志和力量凝聚起来，全面建设小康社会，加快推进社会主义现代化，必须毫不放松地加强和改善党的领导。全面推进党的建设新的伟大工程。"①在全面建设小康社会、实现中国社会主义现代化的新时期，中国共产党是中国工人阶级的先锋队，是中国人民和中华民族的先锋队，更是中国特色社会主义事业的领导核心。

中国要发展，必须依靠中国共产党的领导，这是前提和基础。为此，我们党的路线、方针、政策必须全面反映人民的根本利益和时代发展的要求；一定要坚持党要管党、从严治党的方针，进一步解决提高党的领导水平和执政水平、提高拒腐防

---

① 《中共十三届四中全会以来历次全国代表大会中央全会重要文献选编》，中央文献出版社 2002 年版，第 691 页。

变和抵御风险能力这两大历史性课题；一定要准确把握当代中国社会前进的脉搏，改革和完善党的领导方式和执政方式、领导体制和工作制度，使党的工作充满活力；一定要把思想建设、组织建设和作风建设有机结合起来，把制度建设贯穿其中，既立足于经常性工作，又抓紧解决存在的突出问题。

第二章

发 展 动 力

在社会主义现代化建设的新时期，改革就是在坚持社会主义基本制度的基础上，适应新形势、新任务的要求，革除一切旧体制的弊端，以解放和发展生产力。理论、体制、科技等方面的创新，是推动一个国家兴旺发达的不竭动力，但这种动力的发挥要通过人来完成。人民群众是历史的主人，是世界物质财富、精神财富的创造者和变革社会的决定力量；人民群众积极性、主动性、创造性的充分发挥，是世界历史发展的强大动力。一切真心参与、支持中国特色社会主义建设的人，都是推动中国现代化建设动力的组成部分。

一、改革是发展的动力

（一）改革是经济和社会发展的强大动力

人类社会的发展，就是先进生产力不断取代落后生产力的历史进程。社会主义现代化必须建立在发达生产力的基础之上。我们为实现现代化而奋斗，最根本的就是要通过改革和发展，使我国形成发达的生产力。只要我们社会主义社会生产力能够不断提高到新水平，整个国民经济保持持续、快速、健康发展，人民能够从中普遍得到实惠，现代化建设遇到的各种问题和困难就容易解决，我们就能以更加主动的姿态在未来国际竞争中占据更为有利的地位。

早在十一届三中全会以后，邓小平同志总结了历史经验，并指出：我们的社会主义制度是个好制度，必须坚持，但体制方面存在着弊端。正是体制上的这些弊端，束缚了生产力的发展，因此必须解放和发展生产力。他指出："改革的性质同过去的革命一样，也是为了扫除发展社会生产力的障碍，使中国摆脱贫穷落后的状态。从这个意义上说，改革也可以叫革命性的变革。"①

改革不但必要，而且具有紧迫性。不改革，社会主义就会被葬送。中国几十年的社会主义实践证明，旧的那一套是不成功的。如果不从根本上加以改革，就摆脱不了穷社会主义的命运。邓小平在20世纪80年代就说：改革的意义，是为下一个十年和下世纪的五十年奠定良好的持续发展的基础，没有改革就没有今后的持续发展。所以，改革不只是看三年五年，而是要看二十年，要看下世纪的前五十年。我们要从建设中国特色社会主义的历史高度，着眼于长远来看改革，必须坚持改革不动摇。

从改革引起的社会变革的广度和深度看，改革是翻天覆地的伟大事业，引起的变化极为广泛而深刻。十一届三中全会以来，我国的经济体制格局已经发生了重大的变化，原来的单一公有制结构，已改变为以公有制为主体、多种所有制并存的格局；原来单一的按劳分配制度，已改变为以按劳分配为主体、

---

① 《邓小平文选》第3卷，人民出版社1993年版，第135页。

其他分配方式为补充的分配方式；传统的计划经济体制已在逐步转变为社会主义市场经济体制；封闭状态已被打破，实现了全方位的对外开放。

十三届四中全会以后，坚持改革开放不动摇，从而使社会主义现代化建设取得了突破性进展。事实上，"改革是一场深刻的社会变革；必然要求进行利益调整、体制转换和观念更新"；① "改革是发展的动力，是我们走向现代化的必由之路"；② "改革是经济和社会发展的强大动力，是为了进一步解放和发展生产力"。③ 我们所进行的改革是全面的改革，包括经济体制改革、政治体制改革和其他各个领域的改革。

党的十六大报告明确指出："改革要从实际出发，整体推进，重点突破，循序渐进，注重制度建设和创新。"④ 只有这样，才能使亿万人民群众的积极性、主动性、创造性充分地发挥出来，才能使社会主义现代化建设出现崭新的局面。

改革是发展的强大动力。目前，"从农村到城市、从经济领域到其他各个领域，全面改革的进程势不可当地展开了"⑤，这是我国社会主义现代化建设的不竭动力。

（二）改革是社会主义制度的自我完善和发展

改革是一场深刻的社会变革，必然要求进行利益调整、体制转换和观念更新。但改革作为一场新的革命，绝不是也不允许否定我们的社会主义基本制度。社会主义社会的生产关系与

---

① 《江泽民论有中国特色社会主义》，中央文献出版社2002年版，第215页。

② 同上。

③ 同上。

④ 《中共十三届四中全会以来历次全国代表大会中央全会重要文献选编》，中央文献出版社2002年版，第656页。

⑤ 《十七大以来重要文献选编》（上），中央文献出版社2009年版，第7页。

生产力、上层建筑与经济基础存在着既相适应又相矛盾的状况，从实质上说，社会主义经济体制和其他方面体制的弊端，是基本矛盾中不相适应的方面的反映，完全可以通过社会主义制度本身加以解决。改革是社会主义基本制度的自我完善和发展。因此，社会主义改革是要长期进行的。

我们所进行的改革是体制改革。它是在不改变社会基本制度的前提下，为巩固和完善现存的社会制度而对经济、政治、文化等方面的具体体制进行的变革。一般地说，人类历史上的各种社会形态都具有程度不同的体制改革的功能，在一定的限度内实现自身的完善和发展。这也是各种社会形态从不成熟到成熟、从不完善到完善的必经过程。

从人类历史上看，不同性质的社会形态，都具有程度不同的自我调节、自我完善和自我发展的功能。社会主义社会是人类社会发展的高级形态，但它也需要通过改革实现自我完善和自我发展。正如恩格斯所指出的：“所谓‘社会主义社会’不是一种一成不变的东西，而应当和任何其他社会制度一样，把它看成是经常变化和改革的社会。”① 社会主义改革不仅是社会主义巩固和发展的内在要求，而且是由社会主义社会的本质决定的，因为社会主义社会具有比其他任何社会都更有效、更自觉的自我调节和自我发展机制。社会主义社会是广大人民群众当家作主的社会，人民群众自觉地从事生产活动和社会活动，并在自己的实践中去认识和把握社会发展规律。人们的认识和社会实践活动都力求自觉地服从社会经济、政治、文化的发展规律。对于社会主义社会发展中的不完善方面以及由此产生的社会矛盾，绝大部分可以通过广大人民群众相互协商以及制定

---

① 《马克思恩格斯全集》第37卷，第443页。

各种有效的方针、政策加以解决。同时，社会主义国家能够集中广大人民群众的智慧和力量，认识和解决自己在社会发展中所遇到的问题和矛盾，从而使社会主义制度逐步地完善和发展。

事实上，改革是社会主义制度的自我完善和发展。它的决定性作用，不仅在于解决当前经济和社会发展中的一些重大问题，推进社会生产力的解放和发展，还要为新世纪我国经济的长足发展和国家的长治久安打下坚实的基础。中国特色社会主义事业的巨大成就是在改革中实现的，实现未来的奋斗目标，关键仍在于深化改革。因此，我们必须在坚持社会主义基本制度的前提下，不断推进各方面的改革，在改革的实践中不断完善和发展社会主义制度。

改革是社会主义制度的自我完善和发展，而社会主义制度的自我完善和发展的目的，是为了满足人民日益增长的物质文化生活需要。因此，我们"通过改革发展为人民群众造福，实现好、维护好、发展好最广大人民的根本利益。我们要始终坚持同广大人民群众心连心、同呼吸、共命运，在人民的实践创造中汲取营养"①，以此来不断完善我们改革发展的方针、政策。

（三）改革、发展、稳定的关系

要全面建设小康社会、实现中国的社会主义现代化，必须坚持党的基本路线不动摇，进一步深化改革，正确处理好改革、发展、稳定三者之间的关系，保证中国特色社会主义事业的顺利进行。

改革、发展和稳定三者之间的关系，是相辅相成、相互促

① 《十七大以来重要文献选编》（上），中央文献出版社2009年版，第799页。

进的。发展是党执政兴国的第一要务，如果不发展，不提高人民的生活水平，就不可能有中国的长治久安和真正的稳定，在世界上就站不住脚。改革是发展的动力，是实现现代化的必由之路，没有改革开放，就不能解放和发展生产力，也就没有人民的富裕和国家的富强，改革和发展是稳定的基础。改革也好，发展也好，都需要有长期稳定的社会政治环境，稳定是发展和改革的前提，没有政治稳定，社会动荡不安，什么改革开放、什么经济建设统统搞不成，已经取得的成果也会丧失掉。因此，在建设中国特色社会主义的实践中，只要我们保持改革、发展、稳定之间的相互协调和相互促进，就能够保证国家的长治久安、人民的富裕幸福。这是我们党在领导改革开放和现代化建设中取得的极其重要的经验。

改革、发展、稳定，好比是我国现代化建设棋盘上的三着紧密关联的战略性棋子，每一着棋都下好了，相互促进，就会全局皆活；如果有一着下不好，其他两着也会陷入困境，就可能全局受挫。所以把握好改革、发展、稳定的关系，是现代化建设的一项重要领导艺术。

改革是动力，发展是目标，稳定是前提。没有改革，我们就不可能走出一条建设中国特色社会主义的正确道路，我们的事业就不可能顺利前进；没有发展，我们就不可能实现现代化，也就不可能保持党和国家的长治久安；没有稳定，改革和发展都无从进行。

从总体上、全局上、战略上考虑，我们必须始终坚持以经济建设为中心，以改革为动力，把发展放在首位，不断满足人民群众日益增长的物质文化需要，始终把维护群众切实利益作为出发点，在深化改革、促进发展的基础上实现稳定。从局部上、战术上考虑，我们又必须统筹安排改革和发展的举措，精心处理稳定同改革、发展的关系，及时化解各种矛盾，排除不安定因素，切实做好维护稳定的工作。

事实上，保持稳定，归根结底靠深化改革，加快发展，同时必须把握好改革的节奏，积极稳妥地进行。既要在条件具备的情况下不失时机地推进改革，又要考虑到国家、群众和整个社会的承受能力，使改革的力度、发展的速度同社会可以承受的程度相适应。要处理好改革、发展、稳定的关系，关键要始终注意维护人民群众的利益，要把实现和维护最广大人民群众的利益作为我们一切工作的出发点和落脚点，努力使工人、农民、知识分子等基本群众共同享受到改革发展的成果。深化改革、促进发展、保持稳定，是人民群众的根本利益所在，也只有紧紧依靠人民群众才能够实现。没有广大人民群众的理解、参与和支持，改革和建设的任何事情都不能成功，稳定也会失去最基本的条件而得不到保证。只要有了人民群众的拥护和支持，我们的各项事业就能够搞好。

2008 年 12 月 18 日，胡锦涛总书记《在纪念党的十一届三中全会召开三十周年大会上的讲话》中指出："必须把促进改革发展同保持社会稳定结合起来，坚持改革力度、发展速度和社会可承受程度的统一，确保社会安定团结、和谐稳定。"① 改革开放 30 多年来，我们既大力推进改革发展，又正确处理改革、发展、稳定关系，坚持改革是动力、发展是目的、稳定是前提，把不断改善人民生活作为处理改革、发展、稳定关系的重要结合点，在社会稳定中推进改革发展，通过改革发展促进社会稳定，在当今世界发生广泛而深刻的变化、当代中国发生广泛而深刻的变革的大环境下，始终保持社会大局稳定。

---

① 《十七大以来重要文献选编》（上），中央文献出版社 2009 年版，第 805—806 页。

实现改革、发展、稳定的统一，是关系我国社会主义现代化建设全局的重要指导方针。推动社会主义现代化不断前进，必须自觉调整和改革生产关系与生产力、上层建筑与经济基础不相适应的方面和环节。我们既坚定不移地大胆探索、勇于创新，又总揽全局、突出重点，先易后难、循序渐进，在实践中积累经验，不断提高改革决策的科学性、增强改革措施的协调性，推进经济体制、政治体制、文化体制、社会体制以及其他各方面体制改革相协调，使改革获得广泛而深厚的群众基础。我们及时总结改革的实践经验，对的就坚持，不对的赶快改，新问题出来抓紧研究解决。同时，我们深刻认识到，发展是硬道理，稳定是硬任务；没有稳定，什么事情也办不成，已经取得的成果也会失去。我们正确把握和处理经济社会生活中出现的各种矛盾，加强和改进思想政治工作，健全党和政府主导的维护群众权益的机制，及时妥善处理人民内部矛盾，依法打击各种违法犯罪活动，警惕和防范国内外敌对势力的渗透破坏活动，坚决维护社会稳定和国家安全。我们要始终从维护我国发展的重要战略机遇期、维护国家安全、维护最广大人民根本利益的高度出发，全面把握我国社会稳定大局，有效应对影响社会稳定的各种问题和挑战，确保人民安居乐业、社会安定有序、国家长治久安。

二、科技进步与创新是经济和社会发展的强大力量

创新是一个民族的灵魂，是一个国家兴旺发达的不竭动力，也是一个政党永葆生机的源泉。创新包括理论创新、体制创新、科技创新及其他创新。

科技创新，就是要使科学技术成为我国跨世纪发展的强大

推动力量。面对世界正在发生的深刻的新科技革命，我们必须抓住那些对我国经济、科技、国防和社会发展具有战略性、基础性、关键性作用的重大科技课题，抓紧攻关，自主创新。坚持有所为有所不为的方针，瞄准世界科技发展的前沿，力争在有条件的领域实现突破，力争在基础科学上有所发现、在技术上有所发明，努力实现我国科学技术的跨越式发展。

实践证明，"科技进步与创新是发展生产力的决定因素，是经济和社会发展的主导力量"。① 纵观人类历史，就是一个不断创新、不断进步的过程。没有创新，就没有人类的进步，就没有人类的未来。对中国来说，大力推进科技创新、实现技术发展的跨越极为重要。中国是世界上最大的发展中国家，人均资源不足且发展很不平衡，实现现代化的任务很繁重，需要进行长期的艰苦努力。在激烈的国际竞争中，我们面临着优化经济结构、合理利用资源、保护生态环境、促进地区协调发展、提高人口素质、彻底消除贫困等严峻任务。为此，我们工作的关键是要大力发展科学技术，为经济建设和社会进步提供强大的动力与保障。

在 21 世纪，科学技术必将更深入、更快速地向前发展，必将对人类社会的发展产生更加深远的影响。当前，世界科技革命正在形成新的高潮，科技创新的新时代正在来临，科学技术的每一次重大突破，都会引起生产力的深刻变革和人类社会的巨大进步。解决国内一切问题，要靠发展生产力，而发展生产力的优势蕴藏于知识和科技之中，社会财富日益向拥有知识和科技优势的国家和地区聚集，谁在知识和科技创新上占优势，谁就在发展上占主导地位。

---

① 江泽民：《论科学技术》，中央文献出版社 2001 年版，第 171 页。

在 21 世纪，新的科学发现和技术发明，特别是高科技的不断创新及其产业化，将对全球化的竞争和综合国力的提高产生重要的影响。当今时代，经济全球化加剧，各国都力图依靠科技创新来赢得竞争的优势。全球化对发展中国家具有两面性，西方发达国家是经济全球化的最大受益者，广大发展中国家处于明显弱势。如果我国不进行科技创新，没有强大的科技实力，就会遭受西方发达资本主义国家技术霸权之苦，妨碍我国的主权维护和经济社会发展。

进入新世纪，世界经济发展的一个明显特征就是科学技术发展日新月异，科技在经济发展中的作用越来越大。科学技术是第一生产力，科技进步是经济发展的决定性因素。坚持科学技术是第一生产力，把经济建设真正转移到依靠科技进步和提高劳动者素质的轨道上来，是一场广泛而深刻的变革。这不仅可以极大地提高生产力，而且必将引起生产关系和上层建筑的深刻变革。当今中国的发展，没有强大的科技实力，就没有社会主义的现代化。科技在经济发展中的作用越来越大，这早已是不争的事实。这一趋势的主要特点有：一是以信息技术为主要标志的高新技术革命来势迅猛，高科技向现实生产力的转化越来越快，高新技术产业在整个经济中的比重不断增加；二是经济与科技的结合日益紧密，国际科技、经济的交流合作不断扩大，产业技术升级加快，国际经济结构加速重组，科技、经济越来越趋于全球化；三是科技革命创造了新的技术经济体系，产生了新的管理和组织形式，推动了世界经济的增长；四是各国更加重视科技人才，教育的基础作用日益突出。

面对这样的形势，各国特别是大国都在抓紧制定面向 21 世纪的发展战略，抢占科技和产业的制高点。历史告诉我们，在世界科学技术革命面前，只有紧跟时代潮流，奋发有为，才能走向繁荣昌盛，走向文明进步。

科技进步、技术创新，只有同经济和社会发展紧密结合起来，才能具有强大的生命力。随着我国农业、工业、国防、环境保护、服务业及其他各项社会事业的发展和人民生活水平的提高，有大量的科技课题亟待研究和解决。我国13亿多人拥有的创造活力和巨大市场潜力，不仅对技术创新提出了广泛的要求，而且也为技术创新提供了强大的动力和广阔的舞台。加强科技向现实生产力的转化，必须把市场和社会需求作为科技工作的主要导向，注重研究、开发和产业化的有机衔接。要引导和激励大多数科技力量进入经济建设主战场，努力适应社会主义市场经济发展的需要。

"十二五"规划明确提出，要增强科技创新能力。为此，要坚持自主创新、重点跨越、支撑发展、引领未来的方针，加快建设国家创新体系，着力提高企业创新能力，促进科技成果向现实生产力转化，推动经济发展更多依靠科技创新驱动。具体来讲：

一是推进重大科学技术突破。把握科技发展趋势，超前部署基础研究和前沿技术研究，推动重大科学发现和新学科产生，在物质科学、生命科学、空间科学、地球科学、纳米科技等领域抢占未来科技竞争的制高点。促进科技进步与产业升级、民生改善紧密结合，面向经济社会发展重大需求，在现代农业、装备制造、生态环保、能源资源、信息网络、新型材料、公共安全和健康等领域取得新突破。加快实施国家重大科技专项，增强共性、核心技术突破能力。

二是加快建立以企业为主体的技术创新体系。深化科技体制改革，促进全社会科技资源高效配置和综合集成。重点引导和支持创新要素向企业集聚，加大政府科技资源对企业的支持力度，加快建立以企业为主体、市场为导向、产学研相结合的技术创新体系，使企业真正成为研究开发投入、技术创新活动、创新成果应用的主体。增强科研院所和高校的创新动力，鼓励大型企业加大研发投入，激发中小企业创新活力，推动建立企业、科研院所和高校共同参与的创新战略联盟，发挥企业家和科技领军人才在科技创新中的重要作用。加强军民科技资源集成融合，鼓励发展科技中介服务，提高服务企业能力。发挥国家创新型城市、自主创新示范区、高新区的集聚辐射带动作用，加快形成若干区域创新中心，把北京中关村逐步建设成为具有全球影响力的科技创新中心。

三是加强科技基础设施建设。围绕增强原始创新、集成创新和引进消化吸收再创新能力，强化基础性技术、前沿性技术和共性技术研究平台建设，建设和完善国家重大科技基础设施，加强相互配套、开放共享和高效利用。在重点学科和战略高技术领域新建若干国家科学中心、国家（重点）实验室，构建国家科技基础条件平台。在关键产业技术领域建设一批国家工程实验室，优化国家工程中心建设布局。加强企业技术中心建设，支持面向企业的技术开发平台和技术创新服务平台建设。深入实施全民科学素质行动计划，加强科普基础设施建设，强化面向公众的科学普及。

四是强化科技创新支持政策。强化支持企业创新和科研成果产业化的财税金融政策。保持财政科技经费投入稳定增长，加大政府对基础研究投入，深化科研经费管理制度改革。全面落实企业研发费用加计扣除等促进技术进步的税收激励政策。实施知识产权质押等鼓励创新的金融政策。建立健全技术产权交易市场。实施知识产权战略，完善知识产权法律制度，加强知识产权的创造、运用、保护和管理，加大知识产权执法力度。

鼓励采用和推广具有自主知识产权的技术标准。完善科技成果评价奖励制度，加强科研诚信建设。

科技创新能力建设重点

01　重大科技专项
　　继续实施核心电子器件、高端通用芯片及基础软件，极大规模集成电路制造技术及成套工艺，新一代宽带无线移动通信，高档数控机床与基础制造技术，大型油气田及煤层气开发，大型先进压水堆及高温气冷堆核电站，水体污染控制与治理，转基因生物新品种培育，重大新药创制，艾滋病和病毒性肝炎等重大传染病防治，大型飞机，高分辨率对地观测系统，载人航天与探月工程等。

02　重点科技计划
　　实施重点基础研究发展计划（973计划）、高技术研究发展计划（863计划）、科技支撑计划和国家自然科学基金，实施蛋白质、量子调控、纳米、发育与生殖研究等重大科学研究计划。

03　科学研究设施
　　建设自由电子激光、散裂中子源等国家重大科技基础设施。

04　知识创新工程
　　建设凝聚态物理、数学与复杂系统、地球与环境、空间及海洋等科学中心，建设清洁能源、绿色智能制造、小卫星及空间感知、大陆及海洋深部勘探技术等研发基地。

05　技术创新工程
　　建设新能源汽车、碳纤维复合材料、数字家庭网络等国家工程中心和工程实验室，强化企业技术中心、创新型企业和产业技术创新战略联盟，培育自主创新百强企业。

（资料来源：《中华人民共和国国民经济和社会发展第十二个五年规划纲要》）

三、人民群众是发展的主体和动力

（一）改造世界的主体和动力

马克思主义唯物史观认为，人民群众是历史的创造者，任何一场历史性的变革，只有人民群众真心实意地参与，才能形成真正的历史潮流，取得成功。社会主义改革，就是以广大人民群众为主体的社会活动的实践过程。改革如果没有人民群众的参与、支持，就会失去生机和活力；如果广大人民群众不愿意承受改革不得不付出的必要代价，改革就会夭折。所以，社会主义改革与历史上的各种剥削制度的改革不同，它应该成为朝气蓬勃的群众事业。

人民群众是改革发展的主体和动力，也是稳定的力量源泉和深厚基础。只要广大人民群众真心实意地拥护改革，我们就一定能够应对各种复杂情况和矛盾，即使出现这样或那样的问题也好办。人民群众之所以是社会主义改革实践的主体，是因为人民群众是国家的主人，我们的改革不仅不会改变人民群众的主人翁地位，而且在改革中人民群众主体地位的作用会更好地发挥。事实上，我们的改革正是建立在人民群众积极性、主动性、创造性充分发挥的基础上的，从而才创造了新的社会主义经济、政治、文化体制，推动了生产力的发展，达到了创造社会极大物质财富、精神财富和变革社会的目的。

生产力的发展，社会的进步，是通过人来实现的。人民群众是推动社会发展进步的动力，同时也是社会实践的主体。人民群众是社会主义现代化事业的最终决定力量，离开人民群众的关心、支持，任何好的政策、目标、措施都难以落实。所以，社会主义改革是以人民群众为主体的改革，它不仅需要充分依靠人民群众，群策群力，而且还必须集中人民群众的创造力和智慧。也只有充分发挥人民群众的聪明才智，我们的改革才能建立在牢固的群众基础之上，促进改革的成功。

人民群众主体地位的体现和动力的充分发挥，要求我们一切工作必须把实现好、维护好、发展好最广大人民群众的利益作为出发点和落脚点，努力使工人、农民、知识分子等基本群众共同享受到改革发展的成果。党的一切方针、政策，都必须以是否符合最广大人民群众的利益为最高标准，以最广大人民群众满不满意为根本准则。把人民群众的利益实现好、维护好、发展好，是正确处理改革、发展、稳定关系的结合点，是保证经济持续增长的动力所必需的，也是维护社会稳定、巩固党的执政基础所必需的。

（二）人才是发展的保证

发达国家正在全球范围内争夺人才。培养不好人才，使用不好人才，留不住人才，吸引不了人才，我们的事业就很难向前发展。没有创新，就没有发展，也就没有生命力，而创新的关键在人才。实施科教兴国战略，关键也是在人才。"当今世界，人才和人的能力建设，在综合国力竞争中越来越具有决定性的意义。人类有着无限的智慧和创造力，这是文明进步不竭的动力源泉。开发人力资源，加强人力资源能力建设，已成为当今各国发展的重大问题。"[1] 这必须引起我们的高度重视，要全面创造条件，大力培养各类人才。因为"人是生产力中最活跃的因素，人力资源是第一资源。我国人力资源丰富，但是人才资源并不丰富，结构不尽合理，创新能力亟待提高"。[2] 只有培养造就大批高素质的人才，中国特色社会主义事业才能顺利实现。

21世纪综合国力的竞争，关键是人才的竞争。在生产力诸要素中，人是最活跃的生产要素，具有高素质、高技能的知识劳动者成为推动经济和社会发展最重要的力量。只有拥有高素质的创新人才，才能拥有发展知识经济的巨大潜力，才能在国际竞争中占有一席之地。"科学技术人员是新的生产力的重要开拓者和科技知识的重要传播者，是社会主义现代化建设的骨干

---

① 《江泽民论有中国特色社会主义》（专题摘编），中央文献出版社2002年版，第259页。

② 同上书，第261页。

力量。"① 科技人才为社会各种事业发展提供重要智力支撑，直接作用于改革开放和现代化建设，是科技进步和经济、社会发展最重要的资源，因此，"我们一定要大力培养和任用年轻人。这应成为我们推动科技创新、知识创新和其他各个方面的创新工作的重要指导思想"。②

时代在前进，事业在发展，社会在进步，党和国家对各方面人才的需求必然越来越大。因此，我们要在全党全社会形成尊重知识、尊重人才、促进优秀人才脱颖而出的良好风气和环境。要用崇高的理想、高尚的精神引导和激励各种人才为国家、为人民建功立业，同时要关心和信任他们，尽力为他们创造良好的工作条件。要加快建立有利于留住人才的人尽其才的收入分配机制，从制度上保证各类人才得到与他们的劳动和贡献相适应的报酬。要通过各项切实有效的工作，努力开创人才辈出的局面。

（三）一切对中国社会主义现代化建设作出贡献的劳动，都是发展的动力

要尊重和保护一切有益于人民和社会的劳动，这必须成为长期坚持的基本方针。不论是体力劳动还是脑力劳动，不论是简单劳动还是复杂劳动，一切为我国社会主义现代化建设作出贡献的劳动，都是光荣的，都应该得到承认和尊重。海内外各类投资者在我国建设中的创造性活动都应该受到鼓励。做到这一点，对调动一切积极因素，实现我们的发展目标，具有重要意义。

改革开放以来，我国的社会阶层发生了新变化，出现了民

---

① 江泽民：《论科学技术》，中央文献出版社 2001 年版，第 58 页。
② 同上书，第 112 页。

营科技企业的创业人员和技术人员、受聘于外资企业的管理技术人员、个体户、私营企业主、中介组织的从业人员、自由从业人员等社会阶层。他们中的广大人员，用自己的诚实劳动和辛勤工作，通过合法经营，为社会主义现代化事业作出了贡献，这些都是应该给予鼓励和肯定的。只有如此，才能化不利因素为有利因素，调动一切积极因素，团结一切可以团结的力量，共同为中华民族的伟大复兴而奋斗。也只有如此，我们的发展步伐才能加快，社会主义现代化事业才有可能早日实现。为此，我们就不能简单地把有没有财产、有多少财产当作判断人们政治上先进或落后的标准，而主要应看他们的思想政治状况和现实表现，看他们的财产是怎么得来的，以及对财产怎么支配和使用，看他们以自己的劳动对中国特色社会主义事业所作的贡献。对于这些新社会阶层的人们，只要他们愿为祖国作出贡献，就应该积极团结他们，和他们一道共同为祖国的发展努力工作。

在新时期，我们应当解放思想、更新观念、与时俱进，要形成与社会主义初级阶段基本经济制度相适应的思想观念和创业机制，营造鼓励人们干事业、支持人们干成事业的社会氛围，放手让一切劳动、知识、技术、管理和资本的活力竞相迸发，让一切创造社会财富的源泉充分涌流，以造福于人民。只有如此，才能形成中国特色社会主义事业蓬勃发展的局面。

第 三 章

发 展 目 标

20 世纪 80 年代，邓小平同志为我国的现代化建设制定了"三步走"的发展目标，推动了中国社会主义现代化的进程。根据我国现代化建设的实际进程，我们适时提出了到 2010 年、2020 年、2050 年的新"三步走"发展目标。这是对邓小平同志"三步走"发展目标的创新和发展。尤其是在 21 世纪头 20 年，要全面建设小康社会，这是对我国社会主义现代化建设更具有实际意义的奋斗目标。

一、邓小平"三步走"发展目标

邓小平同志根据社会主义现代化进程的实际情况，提出了"三步走"的发展目标。1980 年 1 月 16 日，邓小平同志在中央召集的干部会议的讲话中，就当时中国人均国民生产总值只有二百多美元的状况，据此推算，到 20 世纪末达到一千美元，就要"增加三倍"。这是他首次提出现代化的量化了的目标。当时虽然没有使用"翻两番"这个词，但"增加三倍"，实际上就是翻两番的意思。

1981 年 6 月 27 日，十一届六中全会一致通过的《关于建国以来党的若干历史问题的决议》，把我们党在新时期的奋斗目标概括为：我们党在新的历史时期的奋斗目标，就是要把我们的国家逐步建设成为具有现代化农业、现代化工业、现代化国防和现代化科学技术的、具有高度民主和高度文明的社会主义强国。这是对我们党关于新时期总任务的比较全面的表述。

1982 年 9 月，党的十二次全国代表大会的政治报告提出了中国共产党在新时期的奋斗目标。如果要实现这一目标，那么2001—2010 年，我国年平均经济增长速度应该保持在 7.2% 以上，这样才能为实施第三步战略部署开好头，起好步，打下良好的基础。

党的十六大是我们党在新世纪召开的第一次代表大会，也是我们党在开始实施社会主义现代化建设第三步战略部署的新形势下召开的一次十分重要的代表大会。大会提出了"继往开来，与时俱进，全面建设小康社会，加快推进社会主义现代化，为开创中国特色社会主义事业新局面而奋斗"① 的任务。这表明，我国已经进入了全面建设小康社会、加快推进社会主义现代化的新的发展阶段。"经过这个阶段的建设，再继续奋斗几十年，到本世纪中叶基本实现现代化，把我国建设成为富强民主文明的社会主义国家"②，从而实现中华民族的伟大复兴。

二、21 世纪头 20 年的奋斗目标——全面建设小康社会

我们在胜利实现了现代化建设"三步走"战略的第一步、

---

① 《中共十三届四中全会以来历次全国代表大会中央全会重要文献选编》，中央文献出版社 2002 年版，第 650 页。

② 同上书，第 665 页。

第二步目标以后，人民生活水平总体上达到了小康，这是社会主义制度的伟大胜利，是中华民族发展史上一个新的里程碑。但我们不能盲目乐观，还必须看到我国正处于并将长期处于社会主义初级阶段，现在达到的小康还是低水平的、不全面的、发展很不平衡的小康。

所谓"低水平"，主要是指我国现在的人均国内生产总值还不到一千美元，根据世界银行的划分标准，这还仅仅是跨入了中下等收入国家的门槛。所谓"不全面"，主要是指以生存消费为基本内容的物质生活虽能满足人民的基本需要，但教育和文化等方面的精神生活水平还不高，农村教育还比较落后，人民群众对文化体育、高等教育、民主权利、医疗保健等方面的需求还不能普遍地得到满足。在人与自然环境的和谐方面还有很大距离，生态与生产、生活的矛盾还很突出。所谓"发展很不平衡"，主要是指地区之间、城乡之间、不同群体之间的收入和生活水平差距还很大。这就需要我们在取得已有成绩的基础上继续努力，向更高水平的小康社会迈进。

21世纪头20年，对我国来说，是一个重要的战略发展机遇期，我们必须抓住，必须"集中力量，全面建设惠及十几亿人口的更高水平的小康社会，使经济更加发展、民主更加健全、科教更加进步、文化更加繁荣、社会更加和谐、人民生活更加殷实"。[①] 党的十六大报告具体描绘了全面建设小康社会的奋斗目标。这一目标包括以下几个方面的内容：

——在优化结构和提高效益的基础上，国内生产总值2010年力争比2000年翻两番，综合国力和国际竞争力明显增强。基本实现工业化，建成完善的社会主义市场经济体制和更具活力、

---

① 《中共十三届四中全会以来历次全国代表大会中央全会重要文献选编》，中央文献出版社2002年版，第665页。

更加开放的经济体系。城镇人口的比重较大幅度提高，工农差别和地区差别扩大的趋势逐步扭转。社会保障体系比较健全，社会就业比较充分，家庭财产普遍增加，人民过上更加富足的生活。

——社会主义民主更加完善，社会主义法制更加完备，依法治国基本方略得到全面落实，人民的政治、经济和文化权益得到切实尊重和保障。基层民主更加健全，社会秩序良好，人民安居乐业。

——全民族的思想道德素质、科学文化素质和健康素质明显提高，形成比较完善的国民教育体系、科技和文化创新体系、全民健身和医疗卫生体系。人民享有接受良好教育的机会，基本普及高中阶段教育，消除文盲。形成全民学习、终身学习的学习型社会，促进人的全面发展。

——可持续发展能力不断增强，生态环境得到改善，资源利用效率显著提高，促进人与自然的和谐，推动整个社会走上生产发展、生活富裕、生态良好的文明发展道路。

党的十七大在十六大确立的全面建设小康社会目标的基础上，对我国发展提出了新的更高要求：

——增强发展协调性，努力实现经济又好又快发展。转变发展方式取得重大进展，在优化结构、提高效益、降低消耗、保护环境的基础上，实现人均国内生产总值到2020年比2000年翻两番。社会主义市场经济体制更加完善。自主创新能力显著提高，科技进步对经济增长的贡献率大幅上升，进入创新型国家行列。居民消费率稳步提高，形成消费、投资、出口协调拉动的增长格局。城乡、区域协调互动发展机制和主体功能区布局基本形成。社会主义新农村建设取得重大进展。城镇人口比重明显增加。

——扩大社会主义民主，更好保障人民权益和社会公平正义。公民政治参与有序扩大。依法治国基本方略深入落实，全社会法制观念进一步增强，法治政府建设取得新成效。基层民主制度更加完善。政府提供基本公共服务能力显著提高。

——加强文化建设，明显提高全民族文明素质。社会主义核心价值体系深入人心，良好思想道德风尚进一步弘扬。覆盖全社会的公共文化服务体系基本建立，文化产业占国民经济比重显著提高、国际竞争力显著增强，适应人民需要的文化产品更加丰富。

——加快发展社会事业，全面改善人民生活。现代国民教育体系更加完善，终身教育体系基本形成，全民受教育程度和创新人才培养水平明显提高。社会就业更加充分。覆盖城乡居民的社会保障体系基本建立，人人享有基本生活保障。合理有序的收入分配格局基本形成，中等收入者占多数，绝对贫困现象基本消除。人人享有基本医疗卫生服务。社会管理体系更加健全。

——建设生态文明，基本形成节约能源资源和保护生态环境的产业结构、增长方式、消费模式。循环经济形成较大规模，可再生能源比重显著上升。主要污染物排放得到有效控制，生态环境质量明显改善。生态文明观念在全社会牢固树立。

党的十七大报告指出，今后五年是全面建设小康社会的关键时期，我们要坚定信心，埋头苦干，为全面建成惠及十几亿人口的更高水平的小康社会打下更加牢固的基础。

为完成党在新世纪、新阶段的奋斗目标，发展要有新思路，改革要有新突破，开放要有新局面，各项工作要有新举措。各地各部门都要从实际出发，采取切实有效的措施，努力实现这个目标。全面建设小康社会发展目标的实现，我们的祖国将更加繁荣富强，人民的生活将更加幸福美好，中国特色社会主义将进一步显示出巨大的优越性。

三、新"三步走"发展战略

经过全党全国各族人民的艰苦努力，到 2000 年我们已经实现了小平同志"三步走"战略的前两步目标，把贫穷的中国变成了小康的中国。在国家统计局的小康统计指标体系中，经济水平、物质生活、人口素质、精神生活、生活环境五大类的 16 项具体指标把"小康"的概念量化到了实处。通过综合测算人均国内生产总值、人均收入水平、人均居住水平、人均蛋白质摄入量、城乡交通状况、恩格尔系数、成人识字率、人均预期寿命、婴儿死亡率、森林覆盖率等内容，2000 年全国总体小康达 96%，顺利完成第二步战略目标。这是改革开放和现代化建设的伟大成果，是中华民族发展史上的新的里程碑，标志着我国的改革开放事业取得了突破性进展。

根据新的发展实际，党的十五大提出了到 2010 年，建党100 年和新中国成立 100 年的发展目标，从而形成 21 世纪第一个 10 年、第二个 10 年一直到 21 世纪中叶的三段划分。党的十五大报告初步勾画了新"三步走"的雏形："展望下世纪，我们的目标是，第一个十年实现国民生产总值比 2000 年翻一番，使人民的小康生活更加宽裕，形成比较完善的社会主义市场经济体制；再经过十年的努力，到建党一百年时，使国民经济更加发展，各项制度更加完善；到下世纪中叶建国一百年时，基本实现现代化，建成富强民主文明的社会主义国家。"[1] 2000 年

---

① 《十五大以来重要文献选编》，人民出版社 2000 年版，第 4 页。

10 月 11 日，党的十五届五中全会通过的《中共中央关于制定国民经济和社会发展第十个五年计划的决议》，根据十五大提出的远景目标，制定的第十个五年计划期间（2000—2005 年）经济和社会发展的主要目标是："国民经济保持较快发展速度，经济结构战略性调整取得明显成效，经济增长质量和效益显著提高，为到 2010 年国内生产总值比 2000 年翻一番奠定坚实基础；国有企业建立现代企业制度取得重大进展，社会保障制度比较健全，完善社会主义市场经济体制迈出实质性步伐，在更大范围内和更深程度上参与国际经济合作与竞争；就业渠道拓宽，城乡居民收入持续增加，物质文化生活有较大改善，生态建设和环境保护加强；科技教育加快发展，国民素质进一步提高，精神文明建设和民主法制建设取得明显进展。"① 21 世纪头五年的良好发展，可以为后五年的发展奠定坚实的基础，从而为新"三步走"战略第一步目标的实现奠定基础、创造有利条件。

党的十六大报告提出，"要在本世纪头二十年，集中力量，全面建设惠及十几亿人口的更高水平的小康社会，使经济更加发展、民主更加健全、科技更加进步、文化更加繁荣、社会更加和谐、人民生活更加殷实。"② 这是新"三步走"发展战略的第二步，是实现现代化建设的第三步战略目标必经的承上启下的发展阶段，也是完善社会主义市场经济体制和扩大对外开放的关键阶段。由于我国正处于并将长期处于社会主义初级阶段，我们社会的主要矛盾仍然是人民日益增长的物质文化生活需要同落后的社会生产之间的矛盾，要实现第二步目标，需要我们励精图治、艰苦奋斗、长期努力。

---

① 《中共十三届四中全会以来历次全国代表大会中央全会重要文献选编》，中央文献出版社 2002 年版，第 582—583 页。

② 同上书，第 665 页。

　　21世纪头20年，是我们必须紧紧抓住并且可以大有作为的重要战略机遇期。在这期间，我国的改革开放将进一步深化、社会主义市场经济体制将基本完善、加入世贸组织后带来的变化将逐步深入。我们能否完成时代赋予我们的重大历史任务，关键在于能否紧紧抓住和充分利用这个"重要战略机遇期"。从另外一个角度讲，在21世纪，世界多极化和经济全球化的趋势在曲折中发展，科技进步日新月异，综合国力竞争日趋激烈。我们既面临难得的机遇，又面临严峻的挑战。因此，我们必须把握机遇，勇于并善于应对各种挑战，努力在21世纪头20年集中力量，全面建设惠及十几亿人口的更高水平的小康社会。中国经过30多年改革开放的发展，积累了相当的物质基础，随着改革的突破和深化，必将为经济发展提供更加强大的动力。全面建设小康社会，需要我们坚定信心、继续奋斗；中国社会全面小康，离我们并不遥远，但我们绝不可盲目乐观，必须树立长期艰苦奋斗的思想。

　　在全面建成小康社会，实现新"三步走"的第二步目标后，再继续奋斗几十年，到21世纪中叶，基本实现现代化，把我国建设成为富强、民主、文明、和谐的社会主义强国。这是新"三步走"的第三步。

　　新"三步走"发展战略，是对邓小平"三步走"发展理论的创新、发展和完善。新"三步走"发展战略，勾画了21世纪头50年每个阶段的具体发展目标，是符合中国实际的、切实可行的发展新思路。

四、社会的全面发展

　　党的十六大报告指出："全面建设小康社会，开创中国特色社会主义事业新局面，就是要在中国共产党的坚强领导下，发展社会主义市场经济、社会主义民主政治和社会主义先进文化，不断促进社会主义物质文明、政治文明和精神文明的协调发展，推进中华民族的伟大复兴。"① 社会的全面进步与发展，包括物质文明、政治文明和精神文明三个方面的内容。

（一）物质文明

要实现我们的奋斗目标，必须对现实的基本国情进行实事求是的分析、了解。我国自 20 世纪 50 年代中期进入社会主义初级阶段以后，虽然我国的生产力有了很大提高，各项事业有了很大进步。然而总的说来，人口多、底子薄、地区发展不平衡、生产力不发达的状况没有根本改变；社会主义制度还不完善，社会主义市场经济体制还不成熟，社会主义民主法制还不够健全，封建主义、资本主义腐朽思想和小生产习惯势力在社会上还有广泛影响。因此，我国仍然处在社会主义初级阶段。

所谓初级阶段，就是不发达的阶段。我国进入社会主义的时候，就生产力发展水平来说，远远落后于发达国家。这就决定了必须在社会主义条件下经历一个相当长的初级阶段，去实现工业化和经济的社会化、市场化、现代化，这是不可逾越的历史阶段。社会主义初级阶段，就是逐步摆脱不发达状况，基本实现社会主义现代化的历史阶段；是由农业人口占很大比重、主要靠手工劳动的农业国，逐步转为非农业人口占多数、包含现代农业和现代服务业的工业化国家的历史阶段；是由自然经济半自然经济占很大比重，逐步转变为经济市场化程度较高的历史阶段；是由文盲半文盲人口占很大比重、科技教育文化落

---

① 《中共十三届四中全会以来历次全国代表大会中央全会重要文献选编》，中央文献出版社 2002 年版，第 697 页。

后，逐步转变为科技教育文化比较发达的历史阶段；是由贫困人口占很大比重、人民生活水平比较低，逐步转变为全体人民比较富裕的历史阶段；是由地区经济文化很不平衡，通过有先有后的发展，逐步缩小差距的历史阶段；是通过改革和探索，建立和完善比较成熟的充满活力的社会主义市场经济体制、社会主义民主政治体制和其他方面体制的历史阶段；是广大人民牢固树立建设中国特色社会主义共同理想，自强不息，锐意进取，艰苦奋斗，勤俭建国，在建设物质文明的同时，努力建设社会主义政治文明、精神文明的历史阶段；是逐步缩小同世界先进水平的差距，在社会主义基础上实现中华民族伟大复兴的历史阶段。这样的历史进程至少需要一百年时间。

在社会主义初级阶段，我们的主要矛盾是人民日益增长的物质文化需要同落后的社会生产之间的矛盾。要解决这一矛盾，就必须大力发展生产力，创造极大的物质财富。而要发展生产力，就必须从根本上改变束缚生产力发展的原有经济体制，建立充满生机与活力的新经济体制。我们过去长期实行的是高度集中的计划经济体制，这种经济体制曾经起过重要作用。但是，由于这种经济体制存在权力过分集中的弊端，存在忽视甚至排斥商品经济、忽视甚至排斥市场作用的弊端等，越来越不适应现代化生产发展的要求，束缚生产力的发展，以致往往把整个经济搞死，使其失去生机与活力。所以，必须对这种过度集中的计划经济体制进行根本性的改革，否则就不可能实现我国的社会主义现代化。

要搞好经济体制改革，必须确定改革的目标模式。传统的观念认为，市场经济是资本主义特有的东西，计划经济才是社会主义的基本特征。随着改革的深入，我们逐步摆脱了这种观念，形成了新的认识，提出了我国经济体制改革的目标是建立社会主义市场经济体制，这对推动改革和发展起了重要作用，进一步解放和发展了生产力。

我们发展社会主义市场经济的基本目标和任务，就是要使国民经济保持旺盛的生机、活力和后劲，保持经济结构、产业结构的合理和协调，保持积极的发展速度和良好的经济效益的统一，保持生产效率和分配公平的正确结合，同时要保证农业基础地位不断得到巩固，保证国有大中型企业在市场中的竞争能力和在经济发展中的主导作用不断得到加强，保证公有制经济的主体地位和其他经济成分发挥其补充作用，保证在生产发展的基础上人民生活日益改善和最终实现共同富裕。

关于社会主义市场经济体制的基本框架，就是要在公有制为主体、多种经济成分共同发展的方针指导下，建立适应社会主义市场经济要求的现代企业制度；形成全国统一开放的市场体系，实现城乡市场紧密结合，国内市场和国际市场相互衔接，促进资源的优化配置；转变政府管理经济的职能，建立以间接手段为主的完善的宏观调控体系，保证国民经济的健康运行；建立以按劳分配为主体、多种分配方式并存、效率优先、兼顾公平的收入分配制度，鼓励一部分地区、一部分人先富起来，最终实现全体人民的共同富裕；建立多层次的社会保障制度，为城乡居民提供同我国国情相适应的社会保障，促进经济发展和社会稳定。围绕这些环节，还要建立和完善相应的法律体系，以保证市场在国家宏观调控下对资源配置发挥基础性作用。

在我国建立社会主义市场经济体制，是我们经过艰辛探索而取得的一个极为重要的改革成果，是我们党对马克思主义社会主义经济理论一个崭新的创新性发展。社会主义市场经济体制的建立，必将极大地解放和发展生产力，创造极大的物质财富，满足人们不断增长的物质文化生活的需要。

要全面建设小康社会，最根本的是坚持以经济建设为中心，不断解放和发展生产力。经济是基础，解决中国的所有问题，归根结底要靠经济的发展；集中力量把经济搞上去，实现中国的现代化，本身就是最大的政治。坚持以经济建设为中心，解放和发展生产力，是解决我国现阶段社会的主要矛盾，巩固和发展社会主义制度的基本途径。只要我们把经济搞上去了，我们的经济实力、国防实力和民族凝聚力大大增强了，不管国际风云如何变化，我们都能稳住阵脚、坚守阵地。

21世纪头20年，我们经济建设和改革的主要任务，即是要完善社会主义市场经济体制，推动经济结构战略性调整，基本实现工业化，大力推进信息化，加快建设现代化，保持国民经济持续、快速、健康发展，不断提高人民生活水平。为完成这一任务，必须从以下几个方面着手：第一，走新兴工业化道路，大力实施科教兴国战略和可持续发展战略；第二，全面繁荣农村经济，加快城镇化进程；第三，积极推进西部大开发，促进区域经济协调发展；第四，坚持和完善基本经济制度，深化国有资产管理体制改革；第五，健全现代市场体系，加强和完善宏观调控；第六，深化分配制度改革，健全社会保障体系；第七，坚持"引进来"和"走出去"相结合，全面提高对外开放水平；第八，千方百计扩大就业，不断改善人民生活。胜利完成经济建设和经济体制改革的各项任务，对推进物质文明、政治文明和精神文明建设，加快推进社会主义现代化，都具有决定性意义。

（二）政治文明

党的十六大报告指出："发展社会主义民主政治，建设社会主义政治文明，是全面建设小康社会的重要目标。"① 要进行社会主义政治文明建设，必须在坚持四项基本原则的前提下，继续积极稳妥地推进政治体制改革，扩大社会主义民主，健全社会主义法制，建设社会主义法治国家，巩固和发展民主团结、生动活泼、安定和谐的政治局面。

我们进行政治体制改革，其总目标就是有利于巩固社会主义制度，有利于巩固党的领导，有利于在党的领导下和社会主义制度下发展社会生产力，有利于贯彻十一届三中全会以来制定的路线、方针、政策，有利于取得和保持一个经济发展所必需的稳定的社会政治环境。

党的十五大报告指出：当前和今后一段时间，"政治体制改革的主要任务是：发展民主，加强法制，实行政企分开，精简机构，完善民主监督制度，维护安定团结"。② 推进政治体制改革，建设社会主义政治文明，有利于增强党和国家的活力，保持和发挥社会主义制度的特点和优势，维护国家统一、民族团结和社会稳定，充分发挥人民群众的积极性，促进生产力发展和社会进步。

推进政治体制改革，必须遵循一定的原则，这些原则是：第一，改革党和国家的领导制度，不是要削弱党的领导，而是为了加强和改善党的领导。要有利于巩固社会主义制度，有利于巩固党的领导，有利于在党的领导和社会主义制度下发展生产力，克服官僚主义，提高工作效率，扩大基层民主，调动基层和工人、农民、知识分子的积极性。第二，坚持不懈地加强和完善党内民主，以不断促进人民民主的发展。第三，改革是

---

① 《中共十三届四中全会以来历次全国代表大会中央全会重要文献选编》，中央文献出版社 2002 年版，第 675 页。

② 《十五大以来重要文献选编》（上），人民出版社 2001 年版，第 31 页。

否成功，关键看国家的政局是否稳定，看能否增进各族人民的团结、改善广大人民的生活，看生产力能否得到持续发展。第四，不能丢掉我们社会主义制度的优越性，不能搬用西方那一套所谓民主，要根据我国自己的实践、自己的情况来决定改革的内容和步骤。第五，政治体制改革很复杂，每一个措施都涉及千千万万人的利益，要分步骤、有领导、有秩序地进行。这些原则是我们进行政治体制改革、建设社会主义政治文明必须遵循的。

发展社会主义民主政治，就是要使人民真正当家作主，成为国家、社会和自己命运的主人。社会主义民主政治的本质就是人民当家作主。进行政治体制改革，就是要进一步发扬社会主义民主和法制，完善社会主义民主的具体制度，保证人民充分行使民主选举、民主决策、民主管理、民主监督的权利，增加党和国家的活力，充分调动基层和群众的积极性，推进决策科学化、民主化，把社会主义制度的优越性和特点进一步发挥出来。但同时我们也必须明确：世界上的民主都是具体的、相对的，而不是抽象的、绝对的。作为一种民主的本质、内容和形式，都是由本国的社会制度所决定的，并且都是随着本国经济文化的发展而发展的。我们的社会主义民主，是全国各族人民享有的最广泛的民主，它的本质就是人民当家作主。共产党执政，就是领导和支持人民掌握和行使管理国家的权力，实行民主选举、民主决策、民主管理、民主监督，保证人民依法享有广泛的权利和自由，尊重和保护人权。

对于世界其他国家的民主制度，我们不能照抄照搬，应根据自己的国情，求同存异，取长补短。照抄照搬、机械搬用别国的政治制度、政治模式，从来就不能获得真正的成功。我们进行政治体制改革，发展社会主义民主，要充分考虑我国的历史背景、经济发展水平和文化教育水平，要有利于维护国家统一、民族团结、社会稳定。

建设社会主义民主政治，最重要的是坚持和完善人民代表大会制度。人民代表大会制度是我国的根本政治制度。它是我们党长期进行人民政权建设的经验总结，也是我们党对国家事务实施领导的一大特色和优势。人民代表大会制度体现了我们国家的性质，符合我国的国情，既有利于全体人民统一行使国家权力，充分调动人民群众当家作主的积极性和主动性，又有利于国家政权机关分工合作、协调一致地组织社会主义建设。人民正是通过人民代表大会来行使国家权力的，从而保障了自己当家作主的地位。因此，我们要进一步坚持和完善人民代表大会的各项制度，加强人民代表大会的立法工作、法律监督和工作监督。各级人民代表要密切同人民群众的联系，充分听取和反映群众的意见、要求和呼声。党的路线、方针、政策是体现人民利益的，应该通过法定程序和法律形式，把党的主张变为国家意志。

建设社会主义民主政治，是逐步发展的历史过程，需要从我国的国情出发，在党的领导下有步骤、有秩序地进行。那种以为发扬民主、依法办事就不需要党的领导的想法、做法，是绝对错误的。在坚持党的领导的前提下，各级党委要学会在宪法和法律的范围内加强和改善党的领导。各级领导同志要勇于领导、敢于领导并善于领导；同时，还要充分发扬民主，严格依法办事。

健全社会主义法制，建设社会主义法治国家，是发展社会主义民主法制、建设社会主义政治文明的题中应有之义。我们讲的依法治国，就是广大人民群众在党的领导下，依照宪法和法律规定，通过各种途径和方式管理国家事务，管理经济文化事业，管理社会事务，保证国家各项工作都依法进行，逐步实现社会主义民主的制度化、法律化，使这种制度和法律不因领导人的改变而改变，不因领导人看法和注意力的改变而改变。依法治国是我们党领导人民治理国家的基本方略，是发展社会主义市场经济的客观需要，是社会文明进步的重要标志，是国家长治久安的重要保障。要加强法制建设，必须坚持有法可依、有法必依、执法必严、违法必究。要"适应社会主义市场经济发展、社会全面进步和加入世贸组织的新形势，加强立法工作，提高立法质量，到 2010 年形成中国特色社会主义法律体系"。[①]

　　发展社会主义民主政治，建设社会主义政治文明，最根本的就是要把坚持党的领导、人民当家作主和依法治国有机结合起来。在三者的关系中，党的领导是关键，发扬民主是基础，依法办事是保证。这三者之间的关系是辩证统一的，不能把它们割裂开来、对立起来。"发展社会主义民主政治，最根本的是要把坚持党的领导、人民当家作主和依法治国有机统一起来。党的领导是人民当家作主和依法治国的根本保证，人民当家作主是社会主义民主政治的本质要求，依法治国是党领导人民治理国家的基本方略。"[②] 坚持党的领导、人民当家作主和依法治国的有机统一，必然促进社会主义民主政治的建设，推进社会主义政治文明。

（三）精神文明

　　全面建设小康社会，必须大力发展社会主义文化，建设社会主义精神文明。纵观当今世界，文化与经济和政治相互交融，

---

　　① 《中共十三届四中全会以来历次全国代表大会中央全会重要文献选编》，中央文献出版社 2002 年版，第 677—678 页。

　　② 同上书，第 676 页。

在综合国力竞争中的地位和作用越来越突出。文化的力量深深熔铸在民族的生命力、创造力和凝聚力之中，对塑造民族精神具有重要作用。因此，我们必须深刻认识文化建设的战略意义，积极推动社会主义文化的发展繁荣。

社会主义社会应当是全面发展、全面进步的社会。人类社会发展的历史充分证明，一个民族，物质上不能贫困，精神上也不能贫困，只有物质、政治和精神都富有，才能成为一个有强大生命力和凝聚力、精神振奋的民族，经济建设和其他各项事业就会全面兴盛。精神文明建设搞不好，人心涣散，精神颓废，经济建设和其他各项事业也难以搞好。社会主义精神文明，是我们进行改革开放和现代化建设的重要目标，也是搞好改革开放和现代化建设的重要保证。建设社会主义精神文明，关系党和国家的前途命运，关系中华民族能否自尊、自信、自强地屹立于世界民族之林。

就精神文明建设与经济建设的关系而言，精神文明建设必须服务于经济建设，服务于现代化建设。因为社会主义的根本任务是发展社会生产力，要完成这一根本任务，必须以经济建设为中心。经济建设是我们一切社会事业发展的基础，在我国现代化建设中始终处于中心地位。只有牢牢把握经济建设这个中心，把精神文明同改革开放和现代化建设紧密结合起来，才能符合社会全面进步的要求，才能得到人民群众的广泛支持。没有经济的发展，精神文明建设就没有物质基础；没有精神文明的进步，物质文明就没有动力，经济发展的目标就难以实现。任何时候我们都不能以牺牲精神文明为代价，换取经济的一时发展。

我们大力发展中国特色的社会主义文化，就其主要内容来说，同我们一贯倡导的社会主义精神文明是一致的。文化相对于经济、政治而言。只有经济、政治、文化协调发展，只有物质文明、政治文明、精神文明都搞好，才是中国特色的社会主义。

要全面建设小康社会、实现社会主义现代化，我们应该有繁荣的经济、开明的政治，也应该有先进的文化。我国现代化建设的进程在很大程度上取决于国民素质的提高和人才资源的开发。面对世界范围内各种思想文化相互激荡，面对全面建设小康社会人民群众日益增长的文化需求，我们必须从社会主义事业兴旺发达和民族振兴的高度，充分认识文化建设的重要性和紧迫性。

中国特色社会主义文化，是凝聚和激励全国各族人民的重要力量，是综合国力的重要标志。它渊源于中华民族五千年文明史，又根植于中国特色社会主义的伟大实践，具有鲜明的时代特点；它反映我国社会主义经济和政治的基本特征，又对经济和政治的发展起巨大的促进作用。建设中国特色社会主义，必须着力提高全民族的思想道德素质和科学文化素质，为经济发展和社会全面进步提供强大的精神动力和智力支持，培育适应社会主义现代化要求的一代又一代有理想、有道德、有文化、有纪律的公民。这是我国文化建设长期而艰巨的任务。

当今世界激烈的综合国力竞争，不仅包括经济实力、科技实力、国防实力等方面的竞争，也包括文化方面的竞争。世界多极化、经济全球化的深入发展，引发世界各种思想文化，历史的和现实的、外来的和本土的、进步的和落后的、积极的和颓废的，展开了相互激荡，有吸纳又有排斥，有融合又有斗争，有渗透又有抵御。总体上处于弱势地位的广大发展中国家，不仅在经济发展上面临严峻挑战，在文化发展上也面临严峻挑战。保持和发展本民族文化的优良传统，大力弘扬民族精神，积极汲取世界其他民族的优秀文化成果，实现文化的与时俱进，是关系广大发展中国家前途和命运的重大问题。[①] 要全面建设小康社会，必须大力发展社会主义先进文化，使之在全国人民乃至世界人民中间具有强大的吸引力和感召力，与努力发展我国的先进生产力，使我国加快进入世界生产力发达国家的行列，都是我们实现社会主义现代化的战略任务。只有建设面向现代化、面向世界、面向未来的、民族的、科学的、大众的社会主义文化，才能满足人民日益增长的精神文化生活的需要，不断促进人民思想道德素质和科学文化素质的提高，也才能为发展经济、发展先进生产力指引正确的方向，提供强大的智力支持。

要大力发展中国特色的社会主义文化，必须以马列主义为指导，不能搞指导思想的多元化；必须坚持为人民服务、为社会主义服务的方向和"百花齐放、百家争鸣"的方针。繁荣和发展社会主义文化，不允许毒害人民、污染社会和反社会主义的东西泛滥；必须继续发扬民族优秀传统文化而又充分体现社会主义时代特色，立足本国而又充分吸收世界优秀文化成果，不允许搞民族虚无主义和全盘西化。我们必须牢牢把握中国特色社会主义文化的这些基本要求，极大地提高全民族的思想道德和科学文化素质，促进社会主义物质文明、政治文明和精神文明的发展。

能否坚持以马列主义为指导，是社会主义文化建设的根本，决定着我国文化事业的性质和方向。因此要发展社会主义的先进文化，就必须坚持以中国特色社会主义理论为指导。只有这样，我们的文化建设才能沿着正确的道路健康发展，抵制和消除一切落后的、腐朽的思想文化影响，不断创造出先进的、健

---

① 《江泽民论有中国特色社会主义》（专题摘编），中央文献出版社2002年版，第390—391页。

康的社会主义崭新文化，培养出适应社会主义现代化建设需要的有理想、有道德、有文化、有纪律的新人。

在中国特色社会主义理论指引下，在全社会形成共同的理想和精神支柱，是建设中国特色社会主义文化的根本。要深入持久地开展以为人民服务为核心、集体主义为原则的社会主义道德教育，加强民主法制教育和纪律教育，引导人们树立正确的世界观、人生观、价值观，树立正确的权利观、地位观、利益观。要鼓励一切有利于国家统一、民族团结、经济发展、社会进步的思想道德。青少年是祖国的未来、民族的希望，要十分重视青少年思想道德建设。

发展社会主义先进文化，必须继承和发扬一切优秀文化，必须充分体现时代精神和创造精神，必须具有世界眼光，增强感召力。中华民族的优秀文化传统，党和人民从五四运动以来形成的革命文化传统，人类社会创造的一切先进文明成果，我们都要积极继承和发扬。我国几千年历史留下了丰富的文化遗产，我们应该取其精华、去其糟粕，并结合时代精神加以继承和发展，做到古为今用。同时必须结合新的实践和时代的要求，结合人民群众精神文化生活的需要，积极进行文化创新，努力繁荣先进文化，把亿万人民紧紧吸引在中国特色社会主义理论的伟大旗帜下。

要发展社会主义先进文化，建设社会主义精神文明，必须做好以下几个方面的工作：第一，牢牢把握先进文化的前进方向。要坚持用中国特色社会主义理论在意识形态领域的指导地位，并用中国特色社会主义理论统领社会主义文化建设。第二，坚持弘扬和培育民族精神。第三，切实加强思想道德建设。第四，大力发展教育和科学事业。第五，积极发展文化事业和文化产业。第六，继续深化体制改革。

（四）人的全面发展

推进人的全面发展，同推进经济、文化的发展和改善人民物质文化生活是互为前提和基础的。人越全面发展，社会的物质文化财富就会创造得越多，人民的生活就越能得到改善，而物质文化条件充分，又越能推进人的全面发展。

事实上，中国共产党唯一的目的和宗旨，就是全心全意为人民服务。党除了工人阶级和最广大人民群众的利益，没有自己的特殊的利益，党在任何时候都把群众利益放在第一位，同群众同甘共苦，保持最密切的联系，不允许任何党员脱离群众，凌驾于群众之上。总结我们党90年的历史，可以得出一个重要的结论：我们党所以赢得人民的拥护，是因为我们党在革命、建设、改革的各项历史时期，总是代表着中国先进生产力的发展要求，代表着中国先进文化的前进方向，代表着中国最广大人民的根本利益，并通过制定正确的路线、方针、政策，为实现国家和人民的根本利益而不懈奋斗。因此，推进人的全面发展，就成为我们共产党人的历史重任。

要实现人的全面发展，首先，必须大力发展生产力，创造极大的物质财富，这是物质前提。我们发展社会主义市场经济，就是为了解放和发展生产力，充分调动人民群众的积极性、主动性、创造性，以经济建设为中心，满足人们不断增长的物质文化生活的需要。其次，要发展社会主义民主政治，建设社会主义政治文明，这是全面建设小康社会的重要目标。只有全面建设小康社会，人的全面发展才成为可能。最后，只有大力发展先进文化，建设社会主义精神文明，才能不断丰富人们的精神世界，增强人们的精神力量，满足人们日益增长的文化生活的需要，促进人的全面发展。

我们党始终代表最广大人民的根本利益，始终坚持把人民的根本利益作为出发点和归宿。但是，人民群众的整体利益是由各方面的具体利益构成的。我们所有的政策措施和工作，都应该正确反映并有利于妥善处理各种利益关系，都应认真考虑和兼顾不同阶层、不同方面群众的利益。其中最重要的是必须首先考虑并满足最大多数人的利益要求，这关系党的执政的全局，关系国家经济、政治、文化发展的全局，关系全国各族人民的团结和社会安定的全局。最大多数人的利益是最紧要和具有决定性的因素。因此，要推进人的全面发展，就必须首先从最大多数人的利益要求出发，制定正确的理论、路线、纲领、方针、政策，并切实有效地开展各项工作，保证人的全面发展落到实处。

由于社会生产力和经济文化发展水平是逐步提高、永无止境的过程，因而人的全面发展也是逐步提高、永无止境的历史过程。同时，人的全面发展同社会生产力和经济文化的发展是相互结合、相互促进地向前发展的，二者相辅相成、互为前提，并在共同提高的基础上达到新的境界。

五、中华民族的伟大复兴

从 20 世纪中叶到 21 世纪中叶的 100 年间，中国人民的一切奋斗都是为了实现祖国的富强、人民的富裕和民族的伟大复兴。中国共产党自成立之日起，就深深地扎根于中华民族之中，就是中国工人阶级的先锋队，同时是中国人民和中华民族的先锋队，肩负着实现中华民族伟大复兴的庄严使命。在新民主主义革命时期，我们党团结和带领全国各族人民完成民族独立和人民解放的历史任务，为实现中华民族伟大复兴创造了前提。

新中国成立后，我们党创造性地完成由新民主主义到社会主义的过渡，实现了中国历史上最伟大、最深刻的社会变革，开始了在社会主义道路上实现中华民族伟大复兴的历史征程。十一届三中全会以来，我们党找到了建设中国特色社会主义的正确道路，赋予民族复兴以强大的生机，中华民族的伟大复兴展现出灿烂的前景。

在21世纪头20年，我们要全面建设小康社会，这是一个承上启下的重要战略发展机遇期。在此基础上，再经过30年，到21世纪中叶，把我国建设成为富强、民主、文明、和谐的社会主义现代化强国，真正实现中华民族的伟大复兴。在此，我们所讲的中华民族复兴，应当有个基本的标准：第一，社会主义在与资本主义竞争中立于不败之地，并显示出巨大的优越性和勃勃生机；第二，社会物质财富极大丰富，建设高度的物质文明，人们基本摆脱劳动是谋生的手段；第三，建设高度政治文明，人们享有充分的民主权利，法制更加完备；第四，建设高度的精神文明，人们的精神生活更加丰富多彩，民族向心力、凝聚力显著提高；第五，实现祖国的完全统一，海内外炎黄子孙为祖国的强大而自豪；第六，综合实力和竞争力处于一流水平，国际地位和威望处于世界前列。

第 四 章

发 展 途 径

　　要实现发展目标，必须大力发展经济，以经济建设为中心。实施科教兴国战略，把经济增长转到依靠科技进步和提高劳动者素质的轨道上来。要坚持走可持续发展的道路，使"生态环境得到改善，资源利用效率显著提高，促进人与自然的和谐，推动整个社会走上生产发展、生活富裕、生态良好的文明发展道路"。[①] 要"积极推进西部大开发，促进区域经济协调发展"。[②] 同时，还要长期坚持对外开放，吸收和借鉴世界上一切先进的文化成果，加速自己的发展。

一、经济发展的大飞跃

　　要全面建设小康社会，实现社会主义现代化，使我们的发展目标落到实处，必须使经济发展有一个大的飞跃。因为经济是基础，解决中国所有问题的关键，归根结底要靠经济的发展。
　　十一届三中全会以后，我们的工作重心转移到以经济建设

---

　　① 《中共十三届四中全会以来历次全国代表大会中央全会重要文献选编》，中央文献出版社 2002 年版，第 666 页。
　　② 同上书，第 669 页。

为中心上来，找到了一条正确的发展之路。正反两方面的经验和教训告诉我们："在社会主义现代化建设中，我们始终要以经济建设为中心。党和国家的各项工作都必须服从和服务于经济建设这个中心，而不能离开这个中心，更不能干扰这个中心。"① 只有经济发展了，综合国力提高了，人民生活不断改善了，国家更加强大了，社会主义制度的巨大优越性会更加充分地显示出来，我们的社会主义制度就会在与资本主义制度的竞争中立于不败之地。

我们党在社会主义初级阶段的基本路线是：领导和团结全国各族人民，以经济建设为中心，坚持四项基本原则，坚持改革开放，自力更生，艰苦创业，为把我国建设成为富强、民主、文明、和谐的社会主义现代化国家而奋斗。这条基本路线可以概括为"一个中心，两个基本点"。"一个中心"即以经济建设为中心。我们要坚持党的基本路线不动摇，关键就是要坚持以经济建设为中心不动摇。30 多年来，我们党所以能够领导和团结全国各族人民，经受住困难和风险的考验，保持社会政治稳定和经济快速发展，最根本的就是坚决排除各种干扰，坚定不移地贯彻执行党的基本路线，始终紧紧抓住经济建设这个中心不动摇。

社会主义的根本任务是发展社会生产力，而以经济建设为中心，则能把发展社会生产力落到实处，创造出极大的物质财富，满足人们日益增长的物质文化生活的需要。因此，我们必须埋头苦干，艰苦创业，把我国的经济搞上去，提高我国的综合国力。

要发展经济，就必须从根本上改变束缚生产力发展的原有

---

① 《江泽民论有中国特色社会主义》（专题摘编），中央文献出版社 2002 年版，第 30—31 页。

经济体制，建立充满生机与活力的新经济体制。我们过去曾长期实行高度集中的计划经济体制，这种经济体制虽然起过重要作用，但是，由于这种经济体制存在权力过分集中的弊端，存在忽视甚至排斥商品经济、忽视甚至排斥市场作用的弊端等等，因而越来越不适应现代化生产发展的要求，束缚生产力的发展，以致往往把整个经济搞死，使其失去生机与活力。所以，对这种高度集中的计划经济体制必须进行改革，否则就不可能实现我国的现代化。

我国经济体制改革确定什么样的目标模式，是关系整个社会主义现代化建设全局的一个重大问题。这个问题的核心是正确认识和处理计划与市场的关系。我们党根据实践发展的需要，突破了传统观念的束缚，提出我国经济体制改革的目标是建立社会主义市场经济体制。改革开放的实践证明，市场作用发挥比较充分的地方，经济活力就比较强，发展态势也比较好。我国经济要优化结构，提高效益，加快发展，参与国际竞争，就必须强化市场机制的作用。

党的十六大在总结十三届四中全会以来的实践经验时，把"坚持改革开放，不断完善社会主义市场经济体制"[①] 作为一条重要经验肯定了下来。改革开放以来，我们正是由于坚持了社会主义市场经济的改革方向，使市场在国家宏观调控下对资源配置起基础性作用，才取得了巨大成就。党的十六大同时还提出："全面建设小康社会，最根本的是坚持以经济建设为中心，不断解放和发展社会生产力。"[②] 而要做到这一点，就必须"完善社会主义市场经济体制"。只有如此，才能实现我们的奋斗

---

① 《中共十三届四中全会以来历次全国代表大会中央全会重要文献选编》，中央文献出版社 2002 年版，第 656 页。

② 同上。

目标。

党的十七大提出，"要深化对社会主义市场经济规律的认识，从制度上更好发挥市场在资源配置中的基础性作用，形成有利于科学发展的宏观调控体系"。[①] 为此，要完善基本经济制度，健全现代市场体系。即坚持和完善公有制为主体、多种所有制经济共同发展的基本经济制度，形成各种所有制经济平等竞争、相互促进的新格局；健全现代企业制度，优化国有经济布局和结构，增强国有经济活力、控制力、影响力；加快形成统一开放、竞争有序的现代市场体系，发展各类生产要素市场，健全社会信用体系。

二、坚持科教兴国战略

我国要"走新型工业化道路，"必须大力实施科教兴国战略和可持续发展战略。实施科教兴国战略是全面建设小康社会、实现中华民族复兴的必由之路。

实施科教兴国战略，是我党为加快我国现代化进程作出的重大决策，是对邓小平同志"科学技术是第一生产力"的重大发展。那么，什么是科教兴国呢？科教兴国，是指全面落实科学技术是第一生产力的思想，坚持教育为本，把科技和教育摆在经济、社会发展的重要位置，增强国家的科技实力及向现实生产力转化的能力，提高全民族的科技文化素质，把经济建设转移到依靠科技进步和提高劳动者素质的轨道上来，加速实现国家的繁荣强盛。

科学技术是第一生产力，科技进步是经济发展的决定性因

---

① 《十七大以来重要文献选编》（上），中央文献出版社2009年版，第17页。

素。要充分估量未来科学技术特别是高技术发展对综合国力、社会经济结构和人民生活的巨大影响，把加速科技进步放在经济社会发展的关键地位，使经济建设真正转到依靠科技进步和提高劳动者素质的轨道上来。对于科技的发展，国家要从长远发展需要出发，制定中长期科学发展规划，统观全局，突出重点，有所为、有所不为，加强基础性研究和高技术研究，加速实现高技术产业化。强化应用技术的开发和推广，促进科技成果向现实生产力转化，集中力量解决经济社会发展的重大和关键技术问题。有重点、有选择地引进先进技术，增强自主创新能力。我国是发展中国家，应该更加重视运用最新的技术成果，实现技术发展的跨越。

进入21世纪，世界科技发展日新月异，科技在经济发展中的作用越来越大。这一趋势的主要特点有：一是以信息技术为主要标志的高新技术革命来势迅猛，高科技向现实生产力的转化越来越快，高新技术产业在整个经济中的比重不断增加；二是经济与科技的结合日益紧密，国际科技、经济的交流合作不断扩大，国际经济结构加速重组，科技、经济越来越趋于全球化；三是科技革命创造了新的技术经济体系，产生了新的生产管理和组织形式，推动了世界经济的增长；四是各国更加重视科技人才，教育的基础作用愈益突出。在这种形势下，我们必须充分估量未来科学技术，特别是高技术发展对综合国力、社会经济结构和人民生活的巨大影响，以科学的态度和方法，认真对待新技术革命给我们带来的挑战和机遇，顺应潮流，乘势而上，把我国的科学技术搞上去，把经济建设和各项社会事业搞得更好。

科学技术是第一生产力，但要把它贯彻落实，必须面向经济建设主战场。事实上，"经济建设必须坚定地依靠科技进步，才能蓬勃而持续的发展，也才能为科技发展提供坚实的物质基础。社会主义市场经济体制的建立，为经济建设依靠科技进步提供了良好机制和广阔天地。在这种情况下，科技工作必须更加自觉地面向经济建设，把促进经济发展作为中心任务和首要目标。"① 经济建设要依靠科技进步，科技工作要面向经济建设这个主战场。这里很重要的一个方面，就是要加强应用与开发研究。要充分发挥应用与开发研究对经济建设的积极推动作用，必须根据市场和社会的需要，选准课题，不断创新。

实施科教兴国战略，科技是关键，教育是基础。在社会主义现代化建设过程中，教育担负着培养同现代化要求相适应的数以亿计高素质的劳动者和数以千万计的专门人才的重要作用，因此，应切实把教育摆在优先发展的战略地位。因为"教育水平提高了，科技进步和经济发展才有后劲儿。科学技术实力和国民教育水平，始终是衡量综合国力和社会文明程度的重要标志，也是每个国家走向繁荣昌盛的两个不可缺少的飞轮。"② 在社会主义初级阶段，"我们的基本国情之一，是在经济比较落后的条件下办大教育。我们必须立足于这个实际，深化教育改革，使我们的教育结构和教育体制适应社会主义市场经济发展和社会全面进步的要求"。③ 所以，我们应该进一步解放思想，实事求是，积极探索社会主义市场经济条件下教育的新体制和发展的新路子，努力建设中国特色的社会主义教育体系。

在当前形势下，我们的教育必须全面贯彻党的教育方针，坚持教育为社会主义、为人民服务，坚持教育与社会实践相结

---

① 《江泽民论有中国特色社会主义》（专题摘编），中央文献出版社 2002 年版，第 240 页。

② 同上书，第 244 页。

③ 同上书，第 262 页。

合，以提高国民素质为根本宗旨，以培养学生的创新精神和实践能力为重点，努力造就"有理想、有道德、有文化、有纪律"的德育、智育、体育、美育等全面发展的社会主义事业建设者和接班人。为此，要解决好两个主要问题：一是教育要全面适应现代化建设对各类科技人才培养的需要；二是要全面提高办学的质量和效益。简单地说，一是适应问题；二是提高问题。这也可以说是当前全国教育工作面临的两个重要转变。因此，要进一步优化教育结构，调整好学校布局，改进和完善学科与专业设置，加强思想政治建设和教材建设，优化教育资源的配置，提高教育资源的利用率，把我国的教育水平提到一个新的高度。教育工作的战略重点是全面推进素质教育，提高受教育者的全面素质。教育是一个系统工程，要不断提高教育质量和教育水平，不仅要加强对学生的文化知识教育，而且要切实加强对学生的思想政治教育、品德教育、纪律教育、法制教育。只有如此，才能提高受教育者的质量和水平，为现代化建设培养更多的高素质合格人才。

要提高教育质量和教育水平，适应经济、科技、社会发展的需要，必须进行教育体制改革。在社会主义初级阶段，教育作为经济、政治、文化建设的基础工程，不仅要为现代化建设提供人才和智力储备，而且要直接参与各方面的建设事业，为推动各项建设事业作出贡献。这种要求必须改革脱离社会实际的教育思想和教育模式，通过经济体制、科技体制和教育体制的配套改革，尽快建立教育与经济、科技密切结合的新机制。我们的教育要积极面向经济建设主战场，研究解决经济和社会发展中的重大理论与实际问题，促进科技成果向现实生产力的转化，成为知识创新、技术创新和高新技术产业化的重要方面军。

教育是立国之本，科技是强国之路，实施科教兴国战略是全面建设小康社会的必然选择。因为小康社会是经济、社会、文化等各方面的全面进步和发展，而这些发展离不开科学技术和广大受教育程度较高的劳动者的参与。因此，必须把教育摆在优先发展的战略地位，坚持教育创新，深化教育改革，优化教育结构，合理配置教育资源，提高教育质量和管理水平，全面推进素质教育，造就数以亿计的高素质劳动者和数以千万计的专门人才及一大批创新人才。要走新型工业化道路，必须充分发挥科学技术的重要作用，加强基础研究和高技术研究，推进关键技术创新和系统集成，实现技术跨越式发展；必须鼓励科技创新，在关键领域和若干科技发展前沿掌握核心技术以及拥有一批自主知识产权。

在强调教育基础地位的同时，要十分重视高等教育的发展。高等学校有三大功能，即科学研究、人才培养、服务社会。近年来，我们十分重视高等教育的发展，取得了显著成绩。

2008年5月3日，胡锦涛在北京大学建校110周年之际，到北京大学，给老师和同学们提了四点希望：第一，要大力弘扬爱国主义精神。要切实强化社会责任感和历史使命感，把个人的成长进步融入到推动国家发展、民族振兴的时代洪流中去，矢志为实现远大理想而不懈奋斗。第二，要努力造就高素质人才。希望同学们要在提高实践本领上狠下功夫，积极参与社会实践，向人民群众学习，磨炼意志，增长才干，切实提高创造能力和创业能力，为今后走上社会、成就事业打下坚实基础，努力把学生培养成德、智、体、美全面发展的社会主义建设者和接班人。第三，要不断创造一流学术成果。第四，要积极培育优良校风。校风反映一个学校的整体形象，一流大学应该有一流校风。希望同学们尊敬师长，关心同学，热爱学校，热心公益，为形成蓬勃向上、文明和谐的校园文化氛围共同努力。

2011年4月24日，胡锦涛在庆祝清华大学建校100周年大会上发表了重要讲话，他指出，全面提高高等教育质量，必须大力提升人才培养水平。高等教育的根本任务是人才培养。要坚持育人为本、德育为先、能力为重、全面发展，着力增强学生服务国家、服务人民的社会责任感、勇于探索的创新精神、善于解决问题的实践能力，努力培养德、智、体、美全面发展的社会主义建设者和接班人。要造就信念执著、品德优良、知识丰富、本领过硬的高素质人才。

胡锦涛还给清华大学的同学们和全国青年学生提了3点希望：

第一，希望同学们把文化知识学习和思想品德修养紧密结合起来。青年人要刻苦学习科学文化知识，夯实理论功底，提高专业素养。同时，要积极加强自身思想品德修养，立为国奉献之志，立为民服务之志，牢牢把握人生正确航向，把个人成长成才融入祖国和人民的伟大事业之中，以实际行动创造无愧于人民、无愧于时代的业绩，谱写壮丽的青春乐章。

第二，希望同学们把创新思维和社会实践紧密结合起来。同学们要做到勤于学习、善于思考、勇于探索、敏于创新；同时，要坚持理论联系实际，积极投身社会实践，在实践中发现新知、运用真知，在解决实际问题的过程中增长才干。

第三，希望同学们把全面发展和个性发展紧密结合起来。同学们要努力成为可堪大用、能负重任的栋梁之材。

三、可持续发展

可持续发展思想源自于工业革命以来人类发展历程的反思。

与农业文明时代相比，工业革命以后形成的"发展模式"使人类的生存方式和生存状况发生了重大改变，推动了科学技术突飞猛进的发展，它使人们的物质生活水平飞速提高、物质财富极大丰富。但另一方面，它又使人类饱尝战乱灾患的痛苦，面临越来越严重的自然资源枯竭、环境质量恶化的威胁。经过深切反思，人们认识到，必须与自然和谐相处。1980 年，国际自然资源保护同盟（IUCN）、联合国环境规划署（UNEP）和世界野生生物基金会（WWF）共同出版的《世界自然保护战略：为了可持续发展的生存资源保护》一书，首次提出了可持续发展的概念。这本书最基本的视角是生物圈保护。1987 年，《我们共同的未来》一书问世，可持续发展遂成为从环境视角研究发展的问题。在该书中，可持续发展被定义为"既满足当代人的需要，又不对后代人满足其需要的能力构成危害"的发展。

在此，环境的可持续性，实质上指的是环境作为资源可被人类持续利用。所谓发展，指的是经济的增长。环境可持续性的最终目的，是为了实现经济的可持续发展。实现了经济的可持续发展，就会满足人们的基本需求——粮食、衣服、住房、就业和不断满足人们日益增长的物质文化生活需要的愿望，并提供了必要的物质基础。所谓可持续性，是指某一客观事物可以持久和无限地维持或支持下去的能力。可持续发展正是在这一点上才不同于其他的"发展"含义。

我国是发展中国家，正处在经济快速增长的时期，必须把实施可持续发展战略作为大事来抓。在 21 世纪，我们要全面建设小康社会、实现社会主义现代化，要做到这一点，必须把实现可持续发展作为一个重大战略。要把控制人口、节约资源、保护环境放到重要位置，使人口增长与社会生产力的发展相适应，使经济建设与资源、环境相协调，实现良性循环。经济的发展必须与人口、环境、资源统筹考虑，不仅要安排好当前的发展，还要为子孙后代着想，为未来的发展创造更好的条件，绝不能走浪费资源和先污染后治理的路子，更不能吃祖宗饭、断子孙路。

中国作为发展中大国，越来越认识到可持续发展在社会主义现代化建设中的重要作用。1994 年 3 月 25 日，经国务院常务会议讨论通过的《中国二十一世纪议程》，集中体现了中国政府可持续发展的战略和政策。其中总体目标包括：

第一，经济的可持续发展及目标。为满足全体人民的基本需求和日益增长的物质文化需要，必须保持较快的经济增长速度，提高发展的质量，这是满足当前和将来中国人民需要和增强综合国力的一个主要途径。只有当经济增长率达到并保持一定的水平，才有可能不断消除贫困，人民的生活水平才会逐步提高，并且提供必要的能力和条件，支持可持续发展。当然，在经济快速发展的同时，必须做到自然资源的合理利用与保护，并且和环境保护相协调，即逐步走上可持续发展的轨道。在提高质量、优化结构的基础上，保证国民生产总值以平均每年 8%的速度增长。

第二，社会的可持续发展及其目标。中国的可持续发展战略在注重经济的可持续发展的同时，还得注重社会的可持续发展。为此，将努力实行计划生育，控制人口数量，提高人口素质和改善人口结构；要逐步建立以按劳分配为主体、效率优先、兼顾公平的收入分配制度；继承和发扬中华民族优良的思想文化传统，致力于文化的革新；发扬社会主义制度的优越性，不断改善政治和社会环境，保持全社会的安定团结，大力发展教育和文化事业，开展职业培训，加强职业道德和社会公德教育，提高全民族的思想道德和科学文化水平，培养一代又一代有理想、有道德、有文化、有纪律的新人；发展城镇建设，改善城乡居民居住环境和提高社会综合服务及医疗卫生水平；通过广泛的宣传、教育，提高全民族的、特别是各级领导人员的可持续发展意识和实施能力，促进广大民众积极参与可持续发展的实践。

第三，资源环境的可持续利用及其目标。中国可持续发展建立在资源的可持续利用和良好的生态环境基础上。国家保护整个生命保障系统的完整性，保护生物多样性；解决水土流失和荒漠化等重大生态环境问题，保护自然资源，保护资源的可持续供应能力，避免侵害脆弱的生态系统；保护森林生态系统和改善城乡生态环境，预防和控制环境破坏和污染，积极治理和恢复已遭破坏和污染的环境；同时积极参与保护全球环境的国际合作活动。

为保证上述目标的实现，《中国二十一世纪议程》还制定了以下主要对策：第一，以经济建设为中心，深化改革开放，加快社会主义市场经济体制建立；第二，加强可持续发展能力建设，特别是规范社会、经济可持续发展行为的政策体系、法律法规体系、战略目标指标体系的建设，以及资源环境、生态综合动态监测和管理系统、社会经济发展计划统计系统、信息支撑系统，以及发展教育事业，提高全社会可持续发展意识和实施能力在内的能力建设；第三，实行计划生育，提高人口素质，控制人口数量，改善人口结构；第四，因地制宜，有步骤地推广可持续农业技术；第五，重点开发清洁煤技术，大力发展可再生和清洁能源；第六，调整产业结构与布局，推动资源的合理利用，减少产业发展对交通运输的压力；第七，大力推广清洁生产工艺技术，努力实现废物产出最小化和再生资源化，节约资源、能源、提高效率；第八，加速"小康住宅"建设，改善城乡居民居住条件；第九，组织开发、发展重大环境污染控制技术与装备；第十，加强对水资源的保护和污水处理，保护、扩大植被资源，以生物资源的合理利用支持物种保护和区域生态环境质量改善，努力提高土地生产力，减少自然灾害。

全面建设小康社会的奋斗目标之一是可持续发展能力不断增强，生态环境得到改善，资源利用效率显著提高，促进人与自然的和谐相处，推动整个社会走上生产发展、生活富裕、生态良好的文明发展道路。为了实现我国经济和社会领域的可持续发展，为了中华民族的子孙后代始终拥有生存和发展的良好条件，我们一定要按照可持续发展的要求，正确处理经济发展同人口、资源、环境的关系，促进人和自然的协调与和谐，为全面建设小康社会和实现社会主义现代化而努力奋斗。

可持续发展作为我们的一项基本国策，在我国的经济和社会发展中取得了巨大成就，在促进人和自然的协调与和谐方面发挥了巨大作用。

我国实施可持续发展战略以来取得了明显成效。要全面建设小康社会、实现社会主义现代化，必须走经济发展与人口、资源、环境相协调的路子。

四、西部大开发

1999 年，党中央作出了实施西部大开发的重大决策。我们不失时机地实施西部大开发战略，直接关系到扩大内需、促进经济增长，关系到民族团结、社会稳定和边防巩固，关系到东西部经济发展和最终实现共同富裕，具有重要的现实意义和深远的历史意义。

加快西部地区的经济发展，是保持国民经济持续、快速、健康发展的必然要求，也是全面建设小康社会、实现我国现代化的必然要求。自 1999 年 6 月实施西部大开发战略以来，我国已经取得了明显的成效。

我国西部地区面积达 570 万平方公里，涉及 12 个省区。在中国古代历史上，陕西、甘肃等西北地区曾经是植被良好的繁荣富庶之地，其中"山林川谷美，天才之利多"就是古来描绘陕西一带自然风物的。司马光在《资治通鉴》中描述盛唐时期陕、甘的发展情景是"闾阎相望，桑麻翳野，天下称富庶者无如陇右"。但是，后来由于历经战乱的破坏，加上自然灾害和滥砍滥伐造成的损失，导致了陕、甘等西北地区的严重沙化、荒漠化，经济文化的发展也因此受到极大制约。

西部地区尽管经济基础薄弱，总体经济发展水平明显落后于东部沿海地区，但西部地区也存在许多比较优势：第一，西部地区在能源、矿产、旅游、土地等自然资源方面具有明显的优势，甚至在某些方面具有其他地区所没有的独特优势。第二，西部有广阔的市场潜力优势，经过开发发展，完全可以形成庞大的市场需求和规模。第三，西部各省区的经济社会发展各有特点，具有独特的发展优势。如云南生物资源丰富，四川加工工业相对发达，陕西高技术产业已形成一定规模，新疆的"一黑一白"（石油和棉花）已初步形成优势。第四，东部沿海地区在实践中积累了宝贵的经验，西部地区完全可以吸收和借鉴这些经验，为西部扩大开放、发展经济节省大量的时间和精力。第五，国家十分重视西部大开发，制定了关于鼓励和扶持西部地区经济发展的一系列政策，这对西部地区来说是难得的机遇。这些优势都足以使西部地区实现快速发展，关键是要能够清楚地认识自身的优势。

实施西部大开发战略，是党中央总揽全局、面向新世纪作出的重大决策。"西部地区地域广大，资源丰富，有巨大的发展潜力，也有巨大的市场潜力，关键是要制定正确的发展战略和有力的政策措施。"① 例如，根据自身的实际情况制定了正确的发展战略和有力的政策措施，从而取得了较大的成绩。年轻的重庆市面临的特殊市情是：大城市与大农村并存，8 万多平方公里，3000 多万人口，农业人口占 2/3，幅员范围大，人口多，底子薄；经济发展不平衡，重工业太重，轻工业太轻，国有企业及国有控股企业占全市产值比重偏大；工业经济对外依存度低，出口品种少、规模小、行业相关度低，行业之间、企业之间、上下游产品之间缺乏有机联系，大工业与大农业并存。以农产品为原料的轻工业仅占轻工业的 1/7，使得城市对农村的资源优势转化为产业优势的带动能力不强。

面对这种现状，重庆制定了"大城市带动大农村"的发展战略。根据实际情况，重庆确立了新的发展规划和符合实际的渐进发展思路，经过反复研究确定，以建设长江上游经济中心为战略地位，探索科学高效的行政管理体制，城乡一体化，共发展、共繁荣。这其中，出路在于减轻"车厢"，加大"车头"。由此，重庆市把全市划分为三大经济区，即都市发达经济区、渝西经济走廊、三峡库区生态经济区，在讲求生产力合理布局和资源有序利用的基础上，分别制定切合实际的发展目标和实现形式，促使全市经济协调健康发展。都市发达经济区的主要任务是构建好金融、商贸、科教文化三个中心和交通信息枢纽，建成现代产业基地。渝西经济走廊着力发展城郊经济，沿成渝、渝遂、渝黔高速公路和铁路轴线，建设一批现代工业、现代农业示范区和区域性专业批发市场。三峡库区生态经济区

---

① 《江泽民论有中国特色社会主义》（专题摘编），中央文献出版社 2002 年版，第 179 页。

的发展重点则是开发优势资源，发展绿色产业，壮大生态农业和旅游业。工业化是一个不可逾越的阶段。"大城市带动大农村"的关键是城市化水平，城市化的关键又是工业化。实现城乡一体化、农村城镇化，都离不开工业化。三大经济区划分的深层意义在于，三个区域正好是工业化进程的三个不同发展阶段。三大经济区环环相扣、互相依托，在实现各种发展目标的同时，通过不同规模的城镇把大城市和大农村连为一体。大城市要带动大农村，产业联动是关键。

其他西部省区也根据自己的实际和优势，制定了正确的发展战略，并采取了切实有效的措施。陕西制定了"一线两带"的发展战略。"一线两带"，就是以西安为中心、以陇海铁路陕西段为主线，把陕西关中平原上四个国家级开发区、三个省级开发区和几十个产业园与科技园串起来，以点带面，将这一地区建设成为最具活力的高新技术产业开发带和星火产业开发带。建设"一线两带"，主要靠"四个优先。"一是科技优先，大力支持科技创新，发展信息制造、软件和生物医药等高新技术产业，推广普及农业高新技术，改造提升传统产业，大力发展现代服务业。二是市场优先，推动体制创新，充分发挥市场配置资源的基础性作用。三是环境优先，转变政府职能，优化投资环境，实施可持续发展战略和城镇化战略。四是企业优先，以项目为载体，吸引国内外、省内外各种所有制企业到这一地区以收购、兼并、参股等形式投资发展。

新疆在自身的发展中，正确处理了大开发与生态建设的关系。新疆位丁亚欧大陆腹地，为干旱半干旱荒漠绿洲生态环境，总体讲生态环境比较脆弱。在西部大开发中，新疆把生态环境保护和建设摆在突出位置，坚持"保护与建设并举"的方针，努力改善山区生产，重点建设绿洲生态，积极保护荒漠生态，强化污染治理，逐步解决干旱、盐碱、风沙、污染等生态环境危害，从根本上改善生态环境状况，实现良性循环。一批重点生态工程进展顺利，局部区域的生态环境已经开始得到改善。目前正在实施的重点生态工程主要有：投资 107 亿元人民币，对塔里木河进行综合治理，实施天然林保护工程，坚决停止对原始森林和荒漠植被的砍伐破坏；实施退耕还林还草工程，努力扩大林草植被面积；实施沙漠化治理工程，控制沙漠化趋势；实施城市环境综合治理，使污染治理取得明显成效。

在西部大开发中，西藏也不甘落后。经过自身的努力和社会各方面有关力量的大力支持，西藏在改革开放和现代化建设中取得了巨大成就。城乡面貌日新月异，古城拉萨旧貌换新颜，林芝、日喀则、泽当等已建成市场繁荣、功能日益齐全的新型城镇。

西部大开发是一项宏大的系统工程，必须统筹规划，突出重点，有步骤、分阶段地实施。必须紧紧依靠西部地区干部群众的积极性，自强不息，艰苦奋斗。同时，国家要逐步加大对西部地区的投入，并通过政策引导，吸引更多的国内外资金、技术和人才。西部大开发要重点抓好交通、通信、能源等基础设施建设，尤其要把水资源的合理开发和有效利用放在突出位置；大力植树种草，有计划、有步骤地退耕还林，搞好综合治理，加强生态环境建设，调整产业结构，发展优势产业，促进资源加工增值；优先发展科技教育，着力培养人才，提高劳动者素质，为振兴西部奠定好的基础。对于西部大开发，我们既要有紧迫感，又要做好长期奋斗的思想准备，坚韧不拔、百折不挠地去奋斗。实现西部地区的大发展，实现西部地区的现代化，将是中华民族发展史上的一件惊天动地的伟业，将是世界开发史上的一个空前壮举。

五、对外开放

当今世界是开放的世界，任何国家都难以在封闭的状态下获得大的发展。实行对外开放是中国推进现代化建设的一项重大决策，也是中国一项长期的基本国策。

30 多年来，中国全方位对外开放的格局已基本形成，开放型经济迅速发展。我国对外贸易之所以增长这么快，得益于国家继续实施鼓励出口的政策，政府各部门推出了一系列改革措施促进贸易便利化，有效地促进我国对外贸易的健康快速发展。也得益于加入世贸组织之后国际贸易环境的改善，新的贸易协调机制使中国的谈判能力得到提升；贸易伙伴对我国许多优势产品配额限制的逐步放宽，扩大了我国的出口空间。

在 21 世纪，我国要全面建设小康社会、实现社会主义现代化，必须努力提高对外开放水平。"面对经济、科技全球化趋势，我们要以更加积极的姿态走向世界，完善全方位、多层次、宽领域的对外开放格局，发展开放型经济，增强国际竞争力，促进经济结构优化和国民经济素质提高。"[①] 在改革开放的新时期，我国对外开放的地域要扩大，要形成多层次、多渠道、全方位的对外开放格局。

同时，在完善社会主义市场经济体制的过程中，中国应继续稳步开放市场，加快能源、交通等基础设施的开放步伐，逐步开放金融、保险等服务领域，进一步健全涉外法规体系，保护知识产权，完善贸易投资环境，依法保护外商投资企业的权益，实行国民待遇，为中外企业创造平等的竞争条件。对符合

---

① 《江泽民论有中国特色社会主义》（专题摘编），中央文献出版社 2002 年版，第 181 页。

中国产业政策、能带来新技术的外商投资项目的设备进口，中国将重新实行必要的优惠政策，在对外开放过程中，中国应继续大力发展对外贸易，更好地实施以质取胜、市场多元化和科技兴国战略，扩大货物和服务贸易进出口。中国应坚持积极合理有效地利用外资的政策，继续改善投资环境，扩大利用外资，积极探索采用收购、兼并、投资基金和证券投资等多种方式利用外资，提高利用外资的质量。中国应进一步扩大对外开放的领域，有步骤地开放银行、保险、电信、贸易等服务领域，推动中西部地区的对外开放。中国应大力发展电子商务，加快信息化进程，支持企业运用现代信息网络技术开展国际合作和交流。中国应积极参加多边贸易体系和国际区域经济合作，全面发展多边和双边贸易关系。

在世界多极化和经济全球化趋势日益加强的今天，我们要达到全面建设小康社会、实现社会主义现代化的战略目标，必须进一步完善有关政策，继续坚定不移地扩大对外开放，不断丰富对外开放的形式和内容，不断提高对外开放的质量和水平。

第 五 章

发 展 战 略

要顺利完成社会主义现代化建设的任务、实现发展的目标，必须采取正确的、符合中国实际的发展战略。在经济建设中，我们战略的重点是农业，水利、能源、交通、科技、教育；同时，还要振兴支柱产业，培育高技术产业，提高信息化水平。发展战略的突破点，则是有条件的地方率先实现现代化。发展的步骤则是新"三步走"战略。

一、发展战略的含义

战略一词源于军事领域。19 世纪著名的军事理论家若米尼（1779—1869），在其《战争艺术概论》一书中指出，战略是在地图上进行战争的艺术，是研究整个战争的艺术。克劳塞维茨（1780—1831）在《战争论》中写到，战术是在战斗中使用军队的学问，战略是为了战争目的运用战斗的学问。德国陆军元帅戈尔茨（1843—1916）认为，战略所关心的是全盘局势，其目的是根据我方兵力能在最有利的条件下用在决定点上。毛泽东同志指出，战略问题是研究战争全局的规律性的东西。中国《辞海》则称：战略，对战争全局的筹划和指导。它依据敌对双方军事、政治、经济、地理等因素，照顾战争全局的各方面、各阶段之间的关系，规定军事力量的准备和运用。

由以上可以看出，战略有以下几个特点：第一，战略是关于战争全局及其规律性的问题；第二，战略着重于筹划、谋划；第三，战略具有相对的稳定性；第四，战略目标是战争的胜利，在战略的实施过程中，要争取战略的主动权。

我们认为，战略是研究那些带有全局性、根本性、前瞻性的问题。发展战略，是指以科学发展观为指导，通过改革开放，在独立自主的基础上，全面建设小康社会，把中国建设成为富强、民主、文明、和谐的社会主义现代化强国、实现中华民族伟大复兴的一系列全局性、根本性、长远性的理论、方法、原则。这种发展战略是切合中国实际的，必将指引我们实现社会主义现代化建设的宏伟目标。

二、战略重点

我们的战略目标，是要在 21 世纪中叶实现社会主义现代化，而本世纪前 20 年，则要全面建设小康社会。在确定了战略目标之后，还必须明确战略重点。

综观全局，在经济建设中，我们要重点加强农业、水利、能源、交通，科技、教育。同时，要振兴支柱产业，培育高技术产业，提高信息化水平，促进和带动国民经济全面发展，提高经济和科技市场竞争力。

（一）农业

农业是国民经济的基础。20 世纪 80 年代以来，我国经济改革和经济建设之所以取得了巨大成就，首先是农村的改革取得了巨大成就，农村经济有了很大发展。

回顾改革开放的历史，我们的改革率先从农村突破不是偶然的，是由我国基本国情和当时农村困境决定的。十年"文化大革命"浩劫，使国民经济到了崩溃的边缘。农村问题尤为突出，当时有2.5亿人口吃不饱肚子，吃饭问题成为最紧迫的大事，不改革已经没有出路了。因此，农村改革的发生和发展就是必然的了。总结农村30年改革的宝贵经验有：第一，必须把调动农民的积极性作为制定农村政策的首要出发点；第二，必须尊重农民的首创精神；第三，必须大胆探索农村公有制的有效实现形式，不断完善农村所有制结构；第四，必须坚持农村改革的市场取向。这对我们今后搞好农业和农村工作具有十分重要的意义。

农业是国民经济的基础，农村稳定是整个社会稳定的基础，农民问题始终是我国革命、建设、改革的根本问题。这是我们党在长期实践中确立的处理农业问题、农村问题和农民问题的重要指导思想。因此，在实际工作中，在任何时候、任何情况下，我们都不能忘记这一指导思想，必须坚持不懈地把它贯彻于我国社会主义现代化建设的全过程，而绝不能有丝毫动摇。

没有农业的牢固基础，就不可能有我们国家的自立；没有农业的积累和支持，就不可能有我国工业的发展；没有农村的稳定和全面进步，就不可能有整个社会的稳定和全面进步；没有农民的小康，就不可能有全国人民的小康；没有农业的现代化，就不可能有整个国民经济的现代化。农业在我国经济和社会发展中的基础地位和战略作用，我们必须有足够的认识，永远忽视不得，只能加强，不能削弱。

统筹城乡经济社会发展，建设现代农业，发展农村经济，增加农民收入，是全面建设小康社会的重大任务。这是一个新的发展思路。因此，必须落实党在农村的各项基本政策。高度重视农业，使农村改革和城市改革相互配合、协调发展。在经济上，我们必须坚持以公有制为主体、多种所有制经济共同发展，不断解放和发展农村生产力；在政治上，坚持中国共产党的领导，加强农村社会主义民主政治建设，进一步扩大基层民主，保证农民依法直接行使民主权利；在文化上，坚持全面推进农村社会主义精神文明建设，培养有理想、有道德、有文化、有纪律的新型农民。"农业、农村和农民问题，关系着改革开放和社会主义现代化事业的大局，关系着党的执政地位的巩固，关系着国家的长治久安。这不但是个重大的经济问题，同时是个重大的政治问题。"① 因此，"三农"问题必须引起我们的高度重视。

要实现我国农业和农村的大发展，必须注意以下问题：第一，始终把农业放在国民经济发展的首位；第二，必须坚持统筹城乡经济社会发展；第三，长期稳定农村基本政策；第四，不放松粮食生产，积极发展多种经营；第五，实施科教兴农；第六，实现农业可持续发展；第七，大力发展乡镇企业，多渠道转移农业剩余劳动力；第八，切实减轻农民负担；第九，实行计划生育基本国策；第十，推进农村基层民主政治建设；第十一，坚持物质文明、政治文明和精神文明协调发展。

"十二五"规划提出，"在工业化、城镇化深入发展中同步推进农业现代化，完善以工促农、以城带乡长效机制，加大强农惠农力度，提高农业现代化水平和农民生活水平，建设农民

---

① 《江泽民论有中国特色社会主义》（专题摘编），中央文献出版社 2002 年版，第 120 页。

幸福生活的美好家园。"① 要强农惠农、加快社会主义新农村建设，第一，要加快发展现代农业，坚持走中国特色农业现代化道路，把保障国家粮食安全作为首要目标，加快转变农业发展方式，提高农业综合生产能力、抗风险能力和市场竞争能力；第二，拓宽农民增收渠道，加大引导和扶持力度，提高农民职业技能和创收能力，千方百计拓宽农民增收渠道，促进农民收入持续较快增长；第三，改善农村生产生活条件，按照推进城乡经济社会发展一体化的要求，搞好社会主义新农村建设规划，加强农村基础设施建设和公共服务，推进农村环境综合整治；第四，完善农村发展体制机制，按照统筹城乡发展要求，加快推进农村发展体制机制改革，增强农业农村发展活力。

（二）水利、能源、交通和通信

我国人均水资源只相当于世界平均水平的四分之一，而农业灌溉用水的利用系数仅为 0.4 左右，为发达国家的一半；同时，我国又地处季风气候地区，是一个旱涝灾害频繁的国家，几乎年年有灾情，几年一大灾。对我国来说，水具有特殊重要性：第一，我国是一个水资源极为短缺的国家。我国水资源总量为 2.8 万亿立方米，人均占有水资源 2200 立方米左右，只有世界人均水平的四分之一，被列为全世界 13 个人均贫水的国家之一。按照联合国的标准，人均占有 2000 立方米属于严重缺水，人均占有 1700 立方米为用水紧张的国家，而我国北方有 9 个省（市、区）的人均占有量只有 500 立方米。全国城市中有一半缺水，其中 100 多座城市严重缺水。将来我国人口达到 16 亿的峰值时，人均只有 1760 立方米，水的供求形势将更加严

---

① 《中华人民共和国国民经济和社会发展第十二个五年规划纲要》，人民出版社 2011 年版，第 15 页。

峻。水资源短缺已经成为经济和社会发展的最大制约因素。第二，我国经济发展正处于一个十分重要的阶段，工业化和城市化进程加快，对水资源提出了更高的要求。据预测，我国用水高峰在 2030 年左右，人口也将达到峰值，每年用水量约为7000—8000 亿立方米，届时实际可利用水资源量为 8000—9500亿立方米，需水量接近可能利用水量的极限。水的问题如果解决不好，将严重制约国民经济和社会发展。第三，水已经同石油、粮食并列为新世纪影响我国经济安全最重要的三大战略资源。当前，世界正进入一个新的水资源紧缺时代，水将会成为宝贵的资源，必须引起我们的高度重视。

洪涝灾害历来就是中华民族的心腹大患，如不加以解决，将会制约我国经济社会的发展，不利于现代化目标的实现。由于季风气候的影响，降水主要发生在夏季，降雨过于集中，降水量主要集中在南方和东南沿海，大多数地方每年汛期连续 4个月的降水量占全年的 60%—80%。这种状况造成一方面许多地方严重干旱缺水，另一方面许多地方常常发生洪水。而降水量的剧烈变化，更造成了江河的特大洪水和严重枯水，甚至发生连续的大水年和连续的枯水年，始终是我国农业的最大威胁。每年因旱灾减产粮食 200—300 亿斤；农村不少地方经常出现人畜饮水困难。目前，我国生产和生活用水每年缺水大约 600 亿立方米。而且，我国有限的水资源污染严重。据水利部门对全国 700 多条河流约 10 万公里河长开展的水资源质量评价结果表明，目前已有 46.5% 的河长受到污染（水质相当于四、五类），10.6% 的河长严重污染（水质超过五类），水体已经丧失使用价值。我国城市和工业每年排放 600 亿吨废污水，其中 80% 未经处理，直接排放到江河湖库，全国 90% 的城市水域受到污染，全国有 1/4 的人口饮用水不符合卫生标准。所以，我们"要增强全民族水患意识，动员全社会力量，把兴修水利这件安民兴邦的大事抓紧抓好"。[1]

对于水利建设，我们要"坚持全面规划，统筹兼顾，标本兼治，综合治理的原则，实行兴利除害结合，开源节流并重，防洪抗旱兼举"。[2] 要采取有力措施，把大江大河大湖的干堤建设成为标准的防洪堤；抓紧现有病险水库的除险加固，使其充分发挥效益；下决心清淤除障，恢复河、湖的蓄洪能力；抓紧三峡、小浪底等主要江河控制性工程的建设，提高对洪水的调蓄能力；要加强城市防洪工程建设和海堤建设，重视中小河流整治。要坚持不懈地解决好农业水利基本建设，努力解决干旱缺水问题；要树立节水意识和科学用水意识，制定节水旱作农业发展规划，建立促进节约用水的管理机制，大力推广旱作品种的栽培技术，在有条件的地方积极推广喷灌、滴灌、渗灌等多种节水技术，尽快形成适应我国国情的节水型农业发展模式，大幅度提高水的利用率，努力扩大农田有效灌溉面积。

改革开放以来，我国能源建设与发展步伐加快，生产能力大幅度提高，对扭转全国日益严重的能源短缺问题，起到了十分重要的作用，有力地支持了国民经济的发展。但同时，在能源发展过程中，也存在一些问题。第一，能源与经济发展不相协调。能源工业的发展速度和国民经济发展速度不相适应。国内原油生产增长滞后于石油消费增长，且缺口越来越大。能源工业的投入与生产不成比例。能源工业是资金密集产业，固定资产居全国首位，占全国 25%，但能源工业增加值占全部工业增加值的比重只有 10% 左右，占 GDP 的比重为 5%—6%。能

---

① 《中共十三届四中全会以来历次全国代表大会中央全会重要文献选编》，中央文献出版社 2002 年版，第 533 页。

② 同上书，第 534 页。

源短缺与浪费并存，单位 GDP 能耗高，能源枯竭，浪费大。第二，大型能源生产企业包袱重。第三，一次能源生产和消费结构不合理。煤炭比例过高，水电增加缓慢，燃煤电站的快速增长给运输和环境带来很大压力。第四，水电比重小，核电和坑口电站发展慢，电网建设滞后，热电联产比重低。第五，优质能源严重不足。如果资源递减加快，西部油田勘探难度大，储采比低，后备资源不足，资源接替困难，那么未来石油供应形势将更加严峻。

要全面建设小康社会，实现社会主义现代化，必须加快能源工业的发展。要以煤炭为基础、电力为中心，大力开发石油和天然气，积极发展新能源和可再生能源，努力调整能源消费结构，保持能源与国民经济和环境协调发展。因此，须采取以下措施：第一，开发与节约并重。在中国的能源生产和消费结构中，煤炭占支配地位。要搞好煤炭资源的前期勘探、开发和生产管理，提高煤炭的洗选比例，促进煤炭的清洁利用。以电力为中心，逐步改善终端能源消费结构。要优先开发水电，充分利用丰富的水能资源；大力发展火电，大幅提高发电用煤的比重；坚持发展坑口电站，变输煤为输电；在沿海地区建设核电基地，提高核电经济上的竞争能力；促进西电东送和北电南送的实现。大力开发石油和天然气资源，积极发展新能源和可再生能源。在加快能源开发的同时，要不断提高能源的使用效率，降低能耗水平，控制能源消费的增长，把节约能源放在首要位置。第二，要贯彻环境保护的基本国策。由于能源而产生的环境问题已经成为影响中国经济和社会发展的关键制约因素。随着中国经济的进一步发展，中国一次能源需求的增长仍将主要靠化石燃料来满足，环境压力越来越大。因此，能源政策的制定要坚决贯彻环境保护的基本原则。第三，增加对能源建设的投入。国家要对能源工业继续实行投资倾斜的政策。第四，创造一切条件，充分利用国际资源。现在，中国开放度越来越大，参与国际市场和国际分工的必要性和可能性加大。所以，要充分利用国际市场，用外国的资源调剂国内煤炭、石油及天然气的供需余缺。

近几年，我国交通状况有了很大改善，但与国民经济和社会发展的要求相比，仍有不小差距。第一，人均水平低。我国运输总量不足，按国土面积及人均水平比较，我国现有的运网密度在世界上仍然处于落后地位，无法与发达国家相比，甚至低于印度、巴西等发展中国家。第二，结构矛盾突出。各种运输方式之间和运输方式内部都存在严重的结构性矛盾。各种运输方式基本处于各自为政状态，缺乏有效衔接和协调配合，综合交通运输体系尚未形成，各种运输方式内部的结构性矛盾也很突出。铁路网结构不尽合理，主要铁路干线运输强度大、负荷重，繁忙线路、客货混行影响了速度的提高和效率的发挥；民航干线，大中型与小型飞机比例失调，支线机场和支线飞机数量明显不足；公路国道主干线建设加快，但广大农村公路交通条件仍然比较落后；港口集装箱及大型散货能力不足，一般杂货码头利用率下降，一些地区液体化工和液化石油气码头能力富余较多。西部地区交通运输更为落后，运输网的密度只有全国平均水平的三分之一左右。第三，技术水平低。与国际先进水平相比，我国交通运输总体水平仍然很低。铁路复线和电气化率不高，三级及以下标准的公路比重接近90%，内河航道基本处于自然通行状态，沿海大型、高效的专业化泊位仍然不足，民航空感通信导航技术装备落后，交通运输工具总体技术水平大致相当于发达国家20世纪70年代的水平。我国交通运输软件建设比较落后，尚不能为用户提供更为安全、快捷、方便、舒适、全方位的服务。第四，体制改革相对滞后。由于传统观念的束缚以及行业自身特点，交通运输和能源行业的改革进展较慢，交通运输中的铁路、民航、港口和能源中的电力至今仍未实行真正的政企分开，垄断经营的弊端未能根本消除。由于这些问题的存在，造成我国运输效率低下。

随着现代化建设进程的加快，必须加快交通建设。要统筹规划，合理安排，加强公路、铁路、港口、机场、管道系统建设，健全畅通、安全、便捷的现代化综合运输体系。公路要加强国道主干线建设，起步建设西部省际公路通道，加快公路网的建设与改造，进一步完善路网结构，扩大路网通达深度，改善农村及贫困地区道路情况。铁路要加强主通道建设，加强区域内铁路建设，完善路网布局。改造既有线路，重点提高主要干线的装备水平，抓紧建成一批电气化改造项目。水运要加强沿海枢纽港口建设，以优化港口布局和调整泊位结构为主，加强沿海主枢纽港口大型集装箱运输系统，大宗散货运输系统及主要港口出海航道建设；加强长江、珠江三角洲航道网建设，治理内河航道，发展水路运输。航空要突出支线机场建设并向西部地区倾斜，完善提高北京、上海、广州等枢纽机场和省会机场，调整优化机队结构，积极支持使用国产支线飞机，提高空中交通管理的技术水平、自动化程度和保障能力。管道运输要加强输油气管道建设，形成管道运输网。继续加强输油气干线运输系统配套设施建设，提高现有输油气管道运输能力，结合国内油气管道，重点建设新疆塔里木轮南至上海的"西气东输"工程，完善全国输油气干线运输网络。

（三）科技和教育

现代科技的发展正经历着深刻的革命，对经济社会的发展起着越来越大的甚至是决定性的作用。"科学技术是第一生产力，科技进步是经济发展的决定性因素。要充分估量未来科学技术特别是高技术发展对综合国力、社会经济结构和人民生活的巨大影响，把加速科技进步放在经济社会发展的关键地位，使经济建设真正转到依靠科技进步和提高劳动者素质的轨道上来。"① 科技的发展，必须引起我们的高度重视，要从国家长远发展的需要出发，制定中长期科学发展规划，统观全局，突出重点，有所为、有所不为，加快实现高技术产业化。没有强大的科技实力，就不可能全面建设小康社会，也就没有社会主义的现代化。在我们这样一个有 13 亿多人口、资源相对不足、经济文化比较落后的国家，要实现现代化，具有决定性意义的一条，就是把经济建设转到依靠科技进步和提高劳动者素质的轨道上来，这是实现我国现代化的根本大计，是我们实现发展目标的重点之一，是一场广泛而深刻的变革。

　　进入新世纪，世界经济发展的一个明显趋势就是科学技术发展日新月异，科技在经济发展中的作用越来越大。这一趋势出现了一些新特点，其中最为显著的特点有：以信息技术为主要标志的高新技术革命发展迅猛，高科技向现实生产力的转化越来越快，高新技术产业迅速崛起，而且在整个经济中的比重不断增加；经济与科技的结合日益紧密，科技在经济中的贡献率不断提高，经济实力的提高又为科技的迅猛发展奠定了坚实的基础；国际科技、经济的交流合作不断扩大，经济越来越趋于全球化，而且，经济全球化的趋势不断增强；科技革命创造了新的技术经济体系，成为经济发展的强大动力，产生了新的生产管理和经济形式，推动了世界经济的增长；各国更加重视

---

① 《江泽民论有中国特色社会主义》（专题摘编），中央文献出版社 2002 年版，第 232—233 页。

科技人才，竞相出台延揽人才的优惠政策；教育的基础作用愈益突出。在这种形势下，各国特别是大国都在抓紧制定面向 21世纪的发展战略，抢夺科技和产业的制高点。所以，我们要充分估量未来科学技术，特别是高技术发展对综合国力、社会经济结构和人民生活的巨大影响，以科学的态度和方法，认真对待新技术革命给我们带来的挑战和机遇，顺应潮流，乘势而上，把我国的科学技术搞上去，把经济建设和各项社会事业搞得更好。

从以经济建设为中心的角度讲，科学技术必须面向经济建设主战场。科学技术是第一生产力，而且是先进生产力的集中体现和主要标志。科学技术的突飞猛进给世界生产力和人类经济社会的发展带来了极大的推动。经济建设必须依靠科学技术，科学技术工作必须面向经济建设，这一方针的核心就是科技与经济的密切结合。"经济建设必须坚定地依靠科技进步，才能蓬勃而持续地发展，也才能为科技发展提供坚实的物质基础。社会主义市场经济体制的建立，为经济建设依靠科技进步提供了良好机制和广阔天地。在这种情况下，科技工作必须更加自觉地面向经济建设，把促进经济发展作为中心任务和首要目标。"① 未来科技的发展，还将产生新的重大飞跃。我们必须敏锐地把握这个客观趋势，始终注意把发挥我国社会主义制度的优越性，同掌握、运用和发展先进的科学技术紧密结合起来，大力推动科技进步和创新，不断用先进科技改造和提高国民经济，努力实现我国生产力的跨越式发展。坚持科技工作的这一基本方针，促进科技与经济结合，符合党的基本路线，符合我们发展战略目标的要求，也符合当今世界科技、经济发展的

---

① 《江泽民论有中国特色社会主义》（专题摘编），中央文献出版社 2002 年版，第 240 页。

趋势。

要落实科教兴国战略，在重视科技的同时，还必须重视教育的作用。因为"在当今世界上，综合国力的竞争，越来越表现为经济实力、国防实力和民族凝聚力的竞争。无论就其中哪一个方面实力的增强来说，教育都具有基础性的地位"。[1] 教育的这种基础性的地位和作用必须引起我们的高度重视。

教育对人才的培养具有基础性的作用，而人才对经济社会的发展具有决定性的作用。实施科教兴国战略，关键是人才，在社会各种资源中，人才是最宝贵、最重要的资源。因此，要"努力建设一支宏大的富有创新能力的高素质人才队伍。推动科技进步、技术创新，关键是人才。要充分发挥广大科技人员的积极性、主动性和创造性"。[2] 经济发展和社会进步，需要物质资源做基础，更需要人的知识和能力做支撑。当今世界，人才和人的能力建设，在综合国力竞争中越来越具有决定性的意义。"我国人力资源丰富，但是人才资源并不丰富，结构不尽合理，创新能力还亟待提高。"[3] 要解决这一问题，教育具有十分重要的作用。

要全面建设小康社会，实现社会主义现代化，我们的教育工作"必须进一步解决好两个重要问题，一是教育要全面适应现代化建设对各级各类人才培养的需要，二是要全面提高教育的质量和效益"。[4] 这两个问题一是适应问题，二是提高问题。这也可以说是教育工作面临的两个重要转变。我们必须深化教育改革，使我们的教育结构和教育体制适应社会主义市场经济

① 《江泽民论有中国特色社会主义》（专题摘编），中央文献出版社2002年版，第234页。
② 同上书，256页。
③ 同上书，第260—261页。
④ 同上书，第263页。

的发展和社会全面进步的要求；要进一步优化教育结构，调整好学校布局，改进和完善学科与专业设置，加强思想政治建设和教材建设，优化教育资源的配置，提高教育资源的利用率，把我国的教育水平提到一个新的高度。

（四）提高信息化水平

我们要走一条新型工业化道路，这是符合中国发展实际的。"信息化是当今世界经济和社会发展的大趋势，也是我国产业优化升级和实现工业化、现代化的关键环节。要把推进国民经济和社会信息化放在优先位置。顺应世界信息技术的发展，面向市场需求，推进体制创新，努力实现我国信息产业的跨越式发展。"① 当今世界，信息技术突飞猛进的发展已经成为新技术革命的有力助推器。所谓国民经济和社会信息化，是指在电子计算机、通信和网络等技术快速发展的推动下，信息技术、信息产业和信息网络在社会经济的各个领域的作用日益突出，并逐渐主导国民经济和社会发展的过程。20 世纪 80 年代以来，特别是进入 90 年代以后，以微电子、计算机和网络技术为代表的信息技术迅猛发展，不断掀起技术革命的浪潮，为推动信息化进程提供了强大动力。信息产业是 20 世纪 90 年代增长最快的产业部门。近年来，世界经济的年均增长率在 3% 左右，而信息技术及相关产业的增长速度是经济增长速度的 2—3 倍。在许多发达国家中，信息产业已经发展成为国民经济的第一大产业。当前，信息技术已成为当代最先进、最活跃的生产力，信息产业已成为世界经济新的增长点、主要推动力和新兴的支柱产业。随着信息技术和信息产业的发展，全球网络经济急剧扩张。世

---

① 《江泽民论有中国特色社会主义》（专题摘编），中央文献出版社 2002 年版，第 260—261 页。

界大企业的实力地位和优势对比将发生根本变化，一批新的战略产业将蓬勃兴起。

中国是一个发展中国家，工业化任务尚未完成，又面临实现信息化的艰巨任务。因此，我们必须走新型工业化道路。我们的战略应该是，"在完成工业化的过程中注重运用信息技术提高工业化的水准，在推进信息化的过程中注重运用信息技术改造传统产业，以信息化带动工业化，发挥后发优势，努力实现技术的跨越式发展。"① 要全面建设小康社会，实现社会主义现代化，必须大力推进国民经济和社会的信息化。

改革开放30多年来，我国电子工业、通信业、广播电视业、计算机应用服务业快速发展，信息基础设施不断加强，信息技术的推广应用走向世界，为进一步加快信息化奠定了良好的基础。但是这方面还存在一些问题：全社会对推进信息化的战略性、全局性、紧迫性仍然缺乏足够的认识；信息产业在总量上具有相当规模，但质量并不高，特别是技术创新的能力不足；信息管理体制比较落后，垄断严重，条块分割；适应信息化发展要求的人才普遍短缺，人才外流问题不可忽视。针对这些问题，我们必须认真加以研究，采取有力措施，切实加以解决。

四个现代化，哪一个也离不开信息化。在实现现代化的进程中，我们要发展信息产业，必须做好以下工作：第一，要在全社会广泛应用信息技术，提高计算机和网络的普及应用程度，加强信息资源的开发和利用。政府行政管理、社会公共服务、企业生产经营要运用数字化、网络化技术，加快信息化步伐。面向消费者，提供多方位的信息产品和网络服务。积极创造条

---

① 《江泽民论有中国特色社会主义》（专题摘编），中央文献出版社2002年版，第103页。

件，促进金融、财税、贸易等领域的信息化，加快发展电子商务。推动信息产业与有关文化产业结合。各级各类学校要积极推广计算机及网络教育，在全社会普及信息化知识的技能。第二，加强现代信息基础设施建设。抓紧发展和完善国家高速宽带传输网络，加快用户接入网建设，扩大利用互联网，促进电信、电视、计算机三网融合。健全国家公共信息网。加强国家信息化法制建设和综合管理，强化信息网络的安全保障体系。第三，加速发展信息产业。重点推进超大规模集成电路、高性能计算机、大型系统软件、超高速网络系统、新一代移动通信装备和数字电视系统等核心信息技术的产业化。加快发展软件产业和集成电路产业，支持新型元器件、计算机网络产品、数字视听产品的发展，提高信息化装备和系统集成能力，满足市场对各类信息产品的需求。积极发展信息服务业特别是网络服务业。

在实际工作中，我们一定要坚持以信息化带动工业化，以工业化促进信息化，从而走出一条科技含量高、经济效益好、资源消耗低、环境污染少、人力资源优势得到充分发挥的新型工业化路子。要坚持优先发展信息产业，在经济和社会领域广泛应用信息技术，以此推进我国现代化的进程。

三、发展战略的突破点

在实现发展目标的过程中，各地区由于条件不同、情况不一，因而不可能同步发展。有条件的地方要"富而思进"，率先基本实现现代化，这是发展战略的突破点。事物的发展过程是一个由量变到质变的过程。质变是事物根本性质的变化，是一种质态向另一种质态的飞跃。在总的量变过程中，由于各种条件不同，组成全局的各个局部的发展并不是整齐划一、同步进行的，其中有些局部会首先发生变化，这就是总的量变过程中的部分质变。

改革开放以后，我们实行了让一部分地区先富起来的政策。由于我们国家大，各地状况千差万别，发展很不平衡，因而不可能机械地按一个模式发展，也不可能同步发展、同步富裕。"东部地区经济基础较好，生产力发展水平较高，应该抓住机遇，继续积极深化改革、健全经济和社会发展的有效制度和良性机制，继续积极发展高新技术产业、培育新的经济增长点，继续积极采用先进科学技术改造传统产业，继续积极扩大对外开放、努力开拓国外市场。"[1] 事实上，沿海地区发展较快，有条件的地方要继续发展，努力率先基本实现现代化。

东部地区有条件的地方率先基本实现现代化，具有十分重要的意义。第一，为发展较快的地区提出了新的奋斗目标。"有条件的地方可以发展得更快一些，在全面建设小康社会的基础上，率先基本实现现代化。"[2] 东部地区有些地方尽管发展得较快，但还应当在此基础上继续奋斗，建设更高水平的小康社会。这是东部发展较快地区新的奋斗目标。第二，东部发展较快的地区可以起到带头作用。"在加快中西部地区发展的同时，继续发挥东部地区在全国经济发展中的带头作用。东部地区要充分利用有利条件，增创新优势，更上一层楼，有条件的地方率先实现现代化"[3]。率先实现现代化的东部地区，对广大中西部地

---

① 《江泽民论有中国特色社会主义》（专题摘编），中央文献出版社2002年版，第174页。

② 《中共十三届四中全会以来历次全国代表大会中央全会重要文献选编》，中央文献出版社2002年版，第666页。

③ 《江泽民论有中国特色社会主义》（专题摘编），中央文献出版社2002年版，第175页。

区来讲是个很好的榜样。榜样的力量是无穷的，它对广大中西部地区努力基本实现现代化的积极性、主动性、创造性的充分发挥具有积极的促进作用。第三，会为广大中西部地区提供率先基本实现现代化的丰富经验。这样，广大中西部地区在实现现代化的进程中就可以少走弯路，加快实现现代化的步伐。

东部有条件的地方率先基本实现现代化，并不是不顾广大中西部地区而独立地发展，如果总是这样，东部发展较快的地区也不可能持续、快速、健康地发展。因为"东部沿海地区相当一部分人力、资金、技术，需要寻找新的发展空间。西部地区幅员辽阔，自然资源丰富，潜在市场巨大"。① 所以，东部地区与广大中西部地区在发挥各自区位优势的基础上，应积极探索彼此互惠互利的合作机制。"东部地区应更加重视支持中西部地区的发展，本着互惠互利、优势互补、联合发展的原则，通过产业转移、技术转让和联合、联营及合作形式发展生产，加强地区之间经济技术合作。无论是东部还是西部，都要适应市场的要求，强化优势互补意识，胸怀全局，量力而行。西部地区的开发搞上去了，资源优势充分发挥了，潜在的市场变为现实的市场，也会有力地促进东部地区经济社会发展。只有谋求中华民族共同发展的大局，才能实现各地经济的快速和协调发展。"② 所以，东部地区应和广大中西部地区加强合作，共同发展。

为加快有条件的地区率先实现现代化的步伐，东部地区要加快产业结构升级，发展高新技术产业和高附加值加工制造业，进一步发展外向型经济。要鼓励经济特区和上海浦东新区在制

---

① 《江泽民论有中国特色社会主义》（专题摘编），中央文献出版社 2002 年版，第 175 页。

② 同上书，第 174 页。

度创新和扩大开放等方面走在前列。中部地区则要加大结构调整力度，推进农业产业化，改造传统产业，培育新的经济增长点，加快工业化和城镇化进程。西部地区要积极实施西部大开发战略，打好基础，扎实推进，重点抓好基础设施和生态环境建设，争取取得突破性进展。积极发展有特色的优势产业，推进重点地带开发。发展科技教育，培养和用好各类人才。国家要在投资项目、税收政策和财政转移支付等方面加大对西部地区的支持，逐步建立长期稳定的西部开发资金渠道。着力改善投资环境，引导外资和国内资本参与西部开发。西部地区要进一步解放思想，增强自我发展能力，在改革开放中走出一条加快发展的新路。总之，东部、中部、西部地区要加强经济交流和合作，实现优势互补和共同发展，形成若干各具特色的经济区和经济带。

四、发展步骤

本世纪头 20 年，我们要全面建设小康社会；到本世纪中叶，则要基本实现现代化，把我国建设成为富强、民主、文明、和谐的社会主义现代化强国。全面建设小康社会是现代化建设目标的有机组成部分，是承上启下的重要发展阶段。

自党的十一届三中全会以来，我们的改革开放事业取得了突破性进展。新"三步走"的战略步骤，即要在本世纪中叶实现我国社会主义现代化的发展目标，我们的发展步骤是：第一步，本世纪第一个十年，实现国民生产总值比 2000 年翻一番，使人民的小康生活更加宽裕，形成比较完善的社会主义市场经济体制。为此，要进一步推进经济管理体制和运行机制的规范化、法制化，更好地优化资源配置，显著提高国民经济的技术水平和整体素质，实现经济和社会的可持续发展。经过第一步的努力，我国社会生产力、综合国力、人民生活水平再上一个大台阶，社会主义精神文明建设和政治文明建设都将取得明显进展，为本世纪中叶实现第三步战略目标，基本实现现代化，开创新的局面。要实现第一步阶段性目标，关键是要实行两个具有全局意义的根本性转变：一是经济体制从传统的计划经济体制向社会主义市场经济体制转变；二是经济增长方式从粗放型向集约型转变，促进国民经济持续、快速、健康发展和社会全面进步。第二步，到建党一百年，即到2020年时，使国民经济更加发展，各项制度更加完善，全面建设惠及十几亿人口的更高水平的小康社会。第二步是实现现代化建设第三步战略目标必经的承上启下的发展阶段，也是完善社会主义市场经济体制和扩大对外开放的关键阶段。第三步，到本世纪中叶新中国成立一百年时，即到2050年，基本实现现代化，把我国建设成富强、民主、文明、和谐的社会主义现代化国家。经过第一步、第二步的发展，再继续奋斗几十年，到本世纪中叶基本实现现代化，实现中华民族的强国之梦。到2050年基本实现现代化以后，我们再继续奋斗50年，即到2100年，我国将成为世界上发达的先进国家。

发展战略步骤的新"三步走"是切合中国实际的，是对邓小平"三步走"发展战略的继承和发展。新"三步走"的发展战略目标实现以后，一个强大的社会主义现代化新中国必将屹立于世界的东方。

第 六 章

发 展 机 遇

本世纪头20年，对我国来说，是一个必须紧紧抓住并且可以大有作为的重要战略机遇期。抓住机遇，加快发展，关键是发展经济。能不能抓住机遇，加快发展，是一个国家、一个民族能否赢得主动、赢得优势的关键所在。

一、抓住机遇，加快发展

进入新世纪，世界经济发展出现一些新变化、新趋势。科技革命正以前所未有的速度迅猛发展。最突出的是以电子信息、生物工程、航空航天、新能源、新材料等为代表的新技术革命迅猛发展，有力地推动着经济增长。特别是以微电子、计算机和网络技术为基础的信息化的发展，渗透到经济和社会生活的各个领域，极大地改变着人们的生产方式和生活方式。半导体集成电路继续遵循摩尔定律，保持每18个月集成度增加一倍。现在仅一个普通美国家庭拥有的电脑运算能力，就相当于30年前全世界运算能力的总和。1997年，IBM公司生产的名为"深蓝"的计算机，战胜国际象棋世界冠军卡斯帕罗夫，标志着人工智能在一些特定领域可以与人的智能相抗衡。随着大规模并行计算技术的发展，计算机的运算能力已经由 20 世纪 50 年代初的每秒 5000 次，增加到现在的每秒数十万亿次。目前，国外正在研究开发运算速度更高、存储量更大的量子计算机和光子计算机。互联网发展速度惊人，计算机与网络技术的发展，使人类正在经历工业革命以来规模最大、影响最深远的一次产业革命。生物技术异军突起。1996 年，克隆羊"多莉"在英国罗斯林研究所诞生，宣告了生物工程时代的来临。由于这是人类第一次利用哺乳动物的一个细胞大量生产完全相同的生命体，所以在全世界引起的轰动不亚于当年原子弹的爆炸。这个研究所最近又培育成功一种转基因鸡，鸡蛋中含有大量昂贵的抗癌药用蛋白，这种鸡每年可以下 250 个蛋，一只鸡就相当于一个小型制药厂。不久前，被称为生命科学阿波罗登月计划的人类基因组测序草图的完成，预示着破译人类生命遗传密码的目标即将实现，它将在生命科学技术领域引起一系列重大突破。纳米技术更加引人注目。据报道，用纳米技术生产的新材料强度可以达到钢的 10 倍，而比重只有钢的几分之一。纳米技术应用于军事，可以制造一种蚂蚁机器人，它能神不知鬼不觉地爬到敌方指挥所搜集情报。纳米技术应用于工业，可以制造出只有米粒大小、能够开动的汽车和只有蜜蜂大小、能够飞行的直升机。纳米技术应用于医学，可以做出只有几毫米粗的人造手，帮助医生实施虚拟的现实手术。纳米技术在 21 世纪将引起一场新的产业革命。世界经济发展的一个明显趋势就是科学技术的发展日新月异，"以信息技术为主要标志的高新技术革命来势迅猛，高科技与现实生产力的转化越来越快，高新技术产业在整个经济中的比重不断增加"。① 因此，我们必须抓住这一机遇，

① 《江泽民论有中国特色社会主义》（专题摘编），中央文献出版社 2002 年版，第 233 页。

抓紧制定面向 21 世纪的发展战略，抢占科技和产业的制高点。

世界经济形势发展的另一个动向是经济全球化的趋势增强。目前，世界许多国家都在积极推进产业结构调整。在经济全球化的进程中，跨国公司的地位和作用不断增强。世界资本、货物和技术贸易额的一半以上都是在跨国公司之间进行的。为了增强竞争能力，企业兼并、重组空前活跃。世界各国结构调整促进国际贸易的扩大、资本流动加速，为我国利用外资、引进技术、增加出口、实现产业结构的优化升级提供了难得的机遇，为我国企业跨入国际市场发展壮大提供了巨大的舞台。因此，我们在加速发展高新技术产业的同时，广泛运用现代技术改造提升传统产业，大力发展劳动密集型产业，利用我国劳动力和能源、原材料、运输成本低的国际比较优势，抓住加入世界贸易组织后外贸环境改善的有利条件，努力扩大国际交换，使我国成为全球劳动密集型产品的加工中心，加快融入世界经济体系。我国经济结构的调整与世界经济结构的调整只有形成良好互动关系，才能在全球经济发展中谋求更大的发展。"世界范围内的结构重组和产业升级，也为我们提供了良好的机遇。"[①] 因此我们要抓住机遇，在发展中加快结构调整，在结构调整中促进发展。

改革开放 20 多年来，我们的改革开放事业取得了突破性进展：经济科技实力有了极大提高，综合国力迅速增强，人民生活水平日益提高，我国在国际上的地位和威望不断提高。这些成就的取得，为我们今后的发展奠定了坚实的基础，也为今后的发展创造了难得的机遇。

从国际上看，不少国家和地区都非常重视发展机遇问题。

---

① 《江泽民论有中国特色社会主义》（专题摘编），中央文献出版社 2002 年版，第 103 页。

近年来，美国提出了战略间歇期问题。冷战结束后，美国成为全球唯一的超级大国，单边主义、霸权主义恶性膨胀。目前，美国的国内生产总值约占世界的30%，军费开支相当于排在其后面的15个国家军费开支的总和。因此，美国的决策层认为：在2015年以前，任何国家都没有能力挑战美国的经济、军事力量，这15年是美国难得的一个战略间歇期。同时，美国也看到世界上多个力量中心的兴起。因此，美国的战略就是要充分利用目前这个战略间歇期，遏制其他大国的兴起；充分利用联合国、世界贸易组织等国际机制制定有利于美国的规则，利用防止大规模杀伤性武器扩散等手段来建立一个"美国治下的和平"，即以美国为霸主的单极世界。俄罗斯的国家战略是重振经济，恢复昔日的超级大国地位。对俄罗斯而言，战略即表现在：国内政局已趋向稳定，与主要国家集团如欧盟、中国、印度等都建立了良好关系，与日本的关系也有较大改善。在"9·11"事件后，俄罗斯迅速抓住了这个机遇，强化了与美国的关系。俄罗斯奉行东西并重的外交战略，尤其所处的国际环境大为改善。这样，就可以集中精力处理棘手的或重要的问题，如解决车臣问题、建立市场经济秩序、恢复和发展国民经济等。欧盟也采取了一体化战略。冷战结束后，欧盟面临的军事压力大为减轻，欧元的发行等进一步加强了欧盟的经济实力，提升了欧盟在世界上的地位。欧盟正在利用这个战略期，加快经济一体化和政治一体化合作的步伐，开展越来越具有独立色彩的外交活动，以便在国际事务中逐步取得与美国平起平坐的地位，成为多极世界中的一极。印度在自身的发展过程中，也采取了相应的战略。印度近年来经济快速增长，并掌握了核武器。在此基础上，印度利用大国关系调整历史机遇，巧妙地周旋于美、俄之间，改变了过去对外政策"一边倒"的外交方针，利用美国开展反恐战争需要其支持的新机遇，大大改善了和美国的关系，化解了因核试验造成的孤立和被动局面。印度政府正在利用这些机遇，进一步改善与周边国家包括与中国的关系，放手推行其成为印度洋大国乃至世界大国的长远国家战略。综观世界各国和中国国内各方面的情况，我们在21世纪前20年所面临的主要战略机遇表现在：

第一，在世界范围内各国探寻自己发展道路的浪潮推动下，中国应该走自己的路，建设中国特色的社会主义。在全球190多个国家和地区当中，已经有60多个国家实现和基本实现了第一次现代化，即从农业经济时代迈向了工业经济时代，有20多个国家进入第二次现代化的起步期，即从工业经济时代迈向知识经济时代。在这一浪潮的推动下，中国只要能采取正确的发展战略，就有可能在这一世界性进程中实现跨越式发展。

第二，全球范围内的产业结构调整浪潮此起彼伏。19世纪末20世纪初，美国利用电气化技术和内燃机技术的出现，以及技术大规模转移的机遇，一跃成为世界的制造业中心。20世纪中叶，日本则抓住了美国的汽车技术、半导体技术和家电技术大规模转移的机遇，迅速成长为最具竞争力的制造业出口基地。自20世纪90年代以来，以信息技术为核心的新经济经过多年的快速增长，出现了市场的相对饱和与技术的相对过剩。美国经济可能出现较长时期的低速增长甚至瘫痪，其产业和网络技术急需寻找市场和大规模转移的出路。这次世界范围的产业结构调整和技术转移更为深刻和广泛，因为它是在经济全球化背景下发生的，呈现出高新技术、金融创新和全球市场一体化三者合一的特征。这对中国来讲，要全面建设小康社会、实现社会主义现代化，是一个极为宝贵的历史机遇。

第三，世界科技革命飞速发展，为我们实现跨越式发展提供了可能。一些科学家和未来学家的研究结果表明，今后 20 年，许多高技术产业如信息技术、新能源技术、生物技术、新材料技术、航天技术等都将迅猛发展，从而形成新的相关产业并渗透到其他产业。对中国来讲，这些都是必须抓住的重大战略机遇。

第四，中国经济增长潜力巨大，且呈现出可持续发展的态势。改革开放 30 多年来，中国的经济建设取得了巨大成就，为今后的持续、快速、健康发展奠定了良好的基础。国内资金十分充裕，调动也很灵活；技术瓶颈现象并不明显，一些高新技术还处于世界领先地位；劳动力资源供给充足，供给成本很低，而且人力资源的素质正在迅速上升；消费水平总体偏低，潜力巨大，消费结构处于升级过程；投资空间巨大，如西部大开发、重大工程和基础设施建设等。在今后的发展中，我们还将长期实施扩大内需的方针。所有这一切都将对我国的经济增长起到强劲的拉动作用。

第五，中国目前正处于工业化加速发展的阶段。在 21 世纪，我们要走新型工业化道路，"坚持以信息化带动工业化，以工业化促进信息化，走出一条科技含量高、经济效益好、资源消耗低、环境污染少、人力资源优势得到充分发挥的新型工业化路子"。[①] 在新兴工业化道路的过程中，我们必须坚持优先发展信息产业，在经济和社会领域广泛应用信息技术，充分发挥科学技术作为第一生产力的重要作用，把经济增长真正转到依靠科技进步和提高劳动者素质的轨道上来。同时，我们还要利用国际上先进的技术，以信息化带动工业化，以工业化促进信息化，实现跨越式发展。

---

① 《中共十三届四中全会以来历次全国代表大会中央全会重要文献选编》，中央文献出版社 2002 年版，第 667 页。

第六，对外开放是我国的一项基本国策，在今后的发展中，我们会在更广的范围内和更深的层次上参与世界经济的发展和竞争。中国在未来一二十年间，整个经济发展会得到要素供给、市场需求、外部因素刺激等诸多方面有利因素的带动，这对我们来讲是难得的发展机遇。

在看到发展机遇的同时，我们也必须清醒地认识到我们所面临的许多挑战。我们所面临的主要挑战有：第一，世界经济科技的竞争。当今世界的竞争，是以经济和科技实力为基础的综合国力的竞争，这种竞争异常激烈，在这场竞争中，我们必须取胜，不能失败，这对我们来讲异常艰难。第二，我国国内城乡经济结构还没有根本转换。国内面临的"三农"问题突出，农民增收困难，城市化水平较低，城乡收入差距拉大的原因是经济结构矛盾尖锐的突出反映。在今后的发展中，我们要想抓住战略机遇，必须打破城乡之间人为的障碍，否则，许多机遇就有可能失去了。这是一个艰巨的挑战。第三，就业矛盾突出。20世纪80年代，国内生产总值每增长1%，可以使劳动就业岗位增长0.32%，而进入90年代，国内生产总值每增长1%，只能拉动就业岗位增长0.1%。此外，我国人口自然增长高峰还要持续很长一段时间，每年自然增长的劳动力超过1000万个，这么庞大的劳动力供给会带来巨大的就业挑战。第四，生态环境依然呈恶化趋势。我们要建设新型工业化社会，必须走经济发展与人口、资源、环境相协调的发展路子，也就是要走可持续发展的道路。现在我国生态环境的基本状况是：局部得到改善，总体恶化的趋势还没有根本改变。因此在未来20年，我们要全面建设小康社会，必须花很大的工夫投入到维持生态平衡和改善环境上来。能否做好这项工作，对我们来讲，是艰巨的任务，也是巨大的挑战。第五，社会矛盾日趋复杂，而缓解社会矛盾的机制尚不适应。在经济增长的过程中，国际上的经验是：人均国内生产总值达到1000美元后，社会结构将剧烈动荡，各种利益矛盾纷繁复杂。原来的强势群体可能被边缘化，变成弱势群体，如果没有他们利益表达的渠道和迅速缓和这种利益矛盾的机制，那就会大大影响社会的稳定。这也是一项艰巨的挑战。

我们要趋利避害，加快自己的发展。只有正确地分析、应对各种挑战，才有可能在发展的过程中化不利因素为有利因素，调动一切积极因素，加速全面建设小康社会、实现现代化的进程。

二、能否抓住机遇，是现代化建设兴衰成败的大问题

"现在国内条件具备，国际环境有利，既有挑战，更有机遇，是我们加快发展的好时机。"[①] 因此，我们要进一步解放思想，把握有利时机，加快改革开放和现代化建设的步伐，夺取中国特色社会主义事业的更大胜利。

综观国际、国内形势，我们有不可多得的历史机遇，也面临着严峻的挑战。我国的现代化建设是在国际局势发生深刻变化的条件下进行的。和平与发展是当今时代的主题，但天下并不太平。世界加快向多极化发展，新的格局日渐明显，国际和平环境可望继续保持；世界科技革命日新月异，产业结构步伐加快，国际经济合作和交往将更加密切；世界经济将进一步增长，亚太地区经济发展更加活跃。同时，在日趋激烈的国际竞争和综合国力较量中，我们面临着发达国家在经济与科技上占

---

① 《中共十三届四中全会以来历次全国代表大会中央全会重要文献选编》，中央文献出版社2002年版，第141页。

优势的压力，面临着国际关系中霸权主义与强权政治的压力。能否加快现代化进程，在国际合作与竞争中取得主动，将决定我国在下个世纪的地位和前途。我们必须居安思危，奋发图强。

当前，我们面临着严峻的挑战，更面对着前所未有的有利条件和大好机遇。必须清醒地看到：国际竞争日趋激烈，经济、科技上同发达国家的差距给我们很大压力，我们自身还有许多困难。同时必须充分地看到：第一，和平与发展已成为当今时代的主题，世界格局正在走向多极化，争取较长时期的国际和平环境是可能的。世界范围内科技革命突飞猛进，经济继续增长。这为我们提供了有利的外部条件。第二，新中国成立后，特别是改革开放30多年来，我国已经形成较强的综合国力，改革开放为现代化建设创造了良好的体制条件，开辟了广阔的市场需求和资金来源，亿万人民新的创造活力进一步发挥出来。第三，更重要的是，我们党确立了被实践证明是正确的建设中国特色社会主义的基本理论和基本路线。这些都是过去不曾或不完全具备的条件。能否抓住机遇，历来是关系革命和建设兴衰成败的大问题。过去我们抓住了重要历史机遇，也丧失过某些机遇，全党一定要高度自觉，牢牢抓住新世纪的历史机遇，迈出新的步伐。

经济全球化趋势增强，科技革命迅猛发展，产业结构调整步伐加快，国际竞争更加激烈。发达国家在经济和科技上占优势的压力、霸权主义和强权政治的压力将长期存在。对于当今世界形势的深刻变化和发展趋势给我国带来的机遇和挑战，我们要有清醒的认识，增强紧迫感和忧患意识。要积极进取，努力提高我国的综合国力和国际竞争力，绝不能因循守旧，丧失发展机遇。要做到这一点，我们必须坚持以经济建设为中心不动摇，抓住机遇，加快发展。

　　党的十六大报告指出，本世纪头 20 年，对我国来说，是一个必须紧紧抓住并且可以大有作为的重要战略发展机遇期。因此，我们必须"在中国共产党的领导下，发展社会主义市场经济、社会主义民主政治和社会主义先进文化，不断推进社会主义物质文明、政治文明和精神文明的协调发展，推进中华民族的伟大复兴"。[①]

　　对中国这样的发展中大国来说，发展的机遇不是很多。能不能抓住机遇、深化改革、全面建设小康社会、实现社会主义现代化，是对我们各级领导干部的考验，也是对全党领导经济工作水平的检验。

　　回顾中国的历史，在 15 世纪以前曾出现过汉唐盛世，经济技术在世界上一直处于领先地位。清朝是我国最后一个封建君主王朝，在长达 268 年的统治期间，曾出现康熙（1661—1721年）、雍正（1722—1734 年）至乾隆（1735—1796 年）130 多年的康乾盛世。乾隆末年，中国经济居世界第一位，人口占世界 1/3，对外贸易长期出超，英国一直迟迟不能扭转对华贸易的逆差。从农业看，据统计，康熙二十四年（1685 年）全国共有耕地 6 亿亩，到乾隆中期（1799 年），全国耕地约为 10.5 亿亩，粮食产量则迅猛增长 2040 亿斤。中国农作物的总产量居世界第一位。人口从 1700 年前后的 1.5 亿增加到 1794 年（乾隆五十九年）的 3.13 亿，占全世界 9 亿人口的 1/3。从手工业看，也有了相当程度的提高。生产规模扩大，手工作坊、手工业逐渐增多。如广东的冶炼业、京西的采煤业、江南的纺织业、云南的铜矿业等。对外贸易急剧增长。18 世纪末，英国东印度公司每年平均从中国购买茶叶值银 400 万两。为平衡贸易收支，英

---

　　① 《中共十三届四中全会以来历次全国代表大会中央全会重要文献选编》，中央文献出版社 2002 年版，第 697 页。

国商人必须运送大量白银到中国。当时，中国的城市也有很大发展。到19世纪初，全世界有10个拥有50万以上居民的城市，中国就有6个，即北京、南京（江宁）、扬州、苏州、杭州、广州。对当时的中国，法国启蒙学者伏尔泰曾称赞是"举世最优美、最古老、最广大、人口最多而治理最好的国家"。美国历史学家保罗·肯尼迪在他的名著《大国的兴衰》中写到，1830年，中国的工业总产量是英国的3倍。

但是，为什么拥有如此庞大的工业产量的清王朝，会在10年之后竟不堪一击呢？尽管原因很多，但妄自尊大、拒绝开放、限制工商业、蔑视科学技术、闭关锁国、禁锢思想的做法，则是主要原因。清朝轻视或叫蔑视科技，把科技知识视为"形上而下"，把发明创造称为"奇技淫巧"。闭关锁国、拒绝交流则是清廷对外关系的基本政策。这种政策导致了清王朝对外交往的排斥态度。康熙初年曾一度开放海禁，允许沿海居民出海贸易，但是，又决定不准外国人来华贸易。按传统做法，只有在外国人对华"朝贡期"内允许贸易，期限一过，即停其贸易。康熙的这项政策影响了清朝100多年，后世子孙顽固地坚持不准外国人来华贸易，贻误了中国的发展。中国人到外国贸易，则订立年限回国，如逾期不归，就永远不许返回，即使三世居于外国的华侨，也要设法招回治罪并株连其家属。清朝采取不与西方通商的闭关锁国政策，完全堵塞了可能给中国近代科学技术和经济发展提供机遇的渠道。再加上政治黑暗、官吏腐败，最终使清王朝在外敌入侵的情况下土崩瓦解。

与此相对应的则是世界工业革命带来的大好发展机遇。从18世纪60年代起，英国率先开始了工业革命。瓦特蒸汽机、珍妮纺纱机、焦炭炼钢等，推动英国率先完成了工业化，使生产力如泉水奔涌般迸射出来，推动社会加速向前发展。正如《共产党宣言》所说：在它的不到一百年的阶级统治中所创造的生产力，比过去一切时代创造的全部生产力还要多、还要大。在世界工业革命面前，由于清王朝的腐败，丧失了大好的发展机遇。

　　新中国成立以后，我们也有过丧失大好发展机遇的惨痛教训。十年"文化大革命"，以阶级斗争为纲，偏离了以经济建设为中心的轨道，使国民经济遭到巨大损失，社会陷入一场长期的动乱，贻误了大好的发展机遇。自20世纪60年代以后，高新科技的浪潮以锐不可当的趋势冲击着人类社会的各个方面。一大批逐步形成的高新技术群体，如信息技术、生物技术、新材料技术、新能源技术、空间技术、海洋开发技术等，已经并迅速渗透到经济、军事和社会生活的各个领域，并以空前的规模飞速发展，向现实生产力迅速转化，创造着比以往任何时代都大得多的物质财富和精神财富。如何夺取经济、科技发展的"制高点"，对世界所有国家而言都是一场严峻的挑战。因为现代科技在一个国家的社会生产力的发展中已经成为最重要的主导力量，回避就等于自甘落后。抓住新科技革命浪潮机遇的国家和地区都带来了大的发展。如"日本经济奇迹"的出现，就是抓住了这一发展机遇。1951—1973年间，日本平均经济增长率高达8.8%，迅速成为世界第二大经济强国。亚洲"四小龙"又是一成功典型。据世界银行统计，1965—1980年间，国民生产总值年平均增长率，韩国为9.9%，中国香港为8.6%，新加坡为10.0%。中国台湾地区的国民生产总值年平均增长率，1953—1963年间为7.1%，1963—1973年间更高达9.5%。60年代末，第三次科技革命兴起，世界进入第二次世界大战后第二次产业结构调整、升级时期，而我国则在"文化大革命"中失去了大好的发展机遇。

进入新世纪，我们要全面建设小康社会，实现社会主义现代化。我们正处在大变动、大变革、大发展的重要时期，面临着千载难逢的加快发展的大好机遇。从国际看，经济全球化步伐加快，科技发展突飞猛进，为我们以信息化带动工业化、发挥后发优势、争取实现社会生产力的跨越式发展提供了现实可能。从国内看，经过30多年的改革开放和快速发展，我们的改革开放事业取得了突破性进展。我国的生产力水平迈上了一个大台阶，社会主义市场经济体制已经初步建立，形成了比较雄厚的物质技术基础和有利的体制环境。我们已经胜利实现了现代化建设的前两步战略目标，现在已开始实施第三步战略部署。我们现在国际环境良好、国内条件具备，正是发展的大好时机。能否抓住机遇，加快发展，是关系社会主义现代化建设兴衰成败的大问题。我们必须抓住机遇，绝不可丧失机遇。

三、抓住机遇，加快发展，关键是把自己的事情做好

抓住机遇，加快发展，必须以经济建设为中心。"抓住机遇，加快发展，集中力量把经济建设搞上去，是我们坚定不移的方针。没有适当的发展速度，就会丧失机遇，如同逆水行舟，不进则退。"[1] 全面建设小康社会，实现社会主义现代化，经济是基础，中国所有问题的解决，归根到底要靠经济的发展。

党在社会主义初级阶段的基本路线，概括起来就是"一个中心、两个基本点"。"一个中心"即以经济建设为中心。这条基本路线是建设中国特色社会主义理论和实践的总纲。30多年

---

① 《江泽民论有中国特色社会主义》（专题摘编），中央文献出版社2002年版，第90页。

来，我们党所以能够领导和团结全国各族人民，经受住各种困难和风险的考验，保持社会政治稳定和经济快速发展，最根本的就是坚决排除各种干扰，坚定不移地贯彻执行党的基本路线。财大才能气粗，落后就要挨打，要立稳脚跟，自己必须有实力。坚持以经济建设为中心，解放和发展生产力，是解决我国现阶段社会的主要矛盾、巩固和发展社会主义制度的根本途径。坚持党的基本路线不动摇，关键就是坚持以经济建设为中心不动摇。

党的十六大报告指出："全面建设小康社会，最根本的是坚持以经济建设为中心，不断解放和发展生产力。"① 抓住机遇，加快发展，必须牢牢抓住经济建设这个中心不放松，聚精会神地搞好经济和社会发展这篇大文章。当前，"世界多极化和经济全球化趋势在曲折中发展，科技进步日新月异，综合国力竞争日趋激烈。形势逼人，不进则退"。② 因此，我们必须坚持以发展为主题，以结构调整为主线，以改革开放和科技进步为动力，以提高人民生活水平为根本出发点，全面推进经济发展和社会进步。社会主义现代化建设是我们最大的政治。"坚持以经济建设为中心，解放和发展生产力，是解决我国现阶段社会的主要矛盾，巩固和发展社会主义制度的基本途径。"③ 所以，要全面建设小康社会，必须始终坚持以经济建设为中心不动摇。

抓住机遇，加快发展，必须坚持深化改革。改革是推动生产力发展的强大动力，是社会主义制度自我完善和发展的根本

---

① 《中共十三届四中全会以来历次全国代表大会中央全会重要文献选编》，中央文献出版社 2002 年版，第 667 页。

② 同上书，第 650 页。

③ 《江泽民论有中国特色社会主义》（专题摘编），中央文献出版社 2002 年版，第 33 页。

途径。我们要根据实践发展的新特点、新情况、新要求，不断推进各项改革，不断完善社会主义市场经济体制，并相应进行政治体制、科技体制和其他体制的改革。要进一步深化改革，必须注意以下问题：国有企业改革是经济体制改革的中心环节，因此要不断深化国有企业改革，建立现代企业制度，让企业真正成为市场竞争的主体；坚持公有制为主体、多种所有制经济共同发展，为各类企业创造平等竞争的环境；打破部门、行业垄断和地区封锁，尽快建立和完善统一、公平、规范、有序的市场体系，充分发挥市场在资源配置中的基础性作用；不断加强和完善城乡统筹，共同发展；充分发展社会主义民主政治，努力建设社会主义政治文明。

抓住机遇，加快发展，必须与推进现代化建设、完成祖国统一、维护世界和平与促进共同发展这三个历史任务有机地统一起来。推进现代化建设是我们当前最大的政治目标，必须搞好。实现祖国的完全统一是中华民族的梦想。香港、澳门回归祖国后，给解决台湾问题提供了成功的范例。"一国两制"方式是解决台湾问题的最佳方式，但我们绝不承诺放弃使用武力。祖国统一是人民的心愿，一百年不统一，一千年也要统一的。"完成祖国统一大业是人心所向，是任何人任何实力也阻挡不了的历史潮流。"① 和平与发展是当今世界的两大主题。发展需要和平，和平离不开发展。但是，霸权主义、强权政治的存在，始终是解决和平与发展问题的主要障碍。世界要和平、国家要发展、社会要进步、经济要繁荣、生活要提高，已成为世界各国人民的普遍要求。"世界多极化和经济全球化在曲折中发展，科技进步日新月异，综合国力竞争日趋激烈，世界的力量组合

---

① 《江泽民论有中国特色社会主义》（专题摘编），中央文献出版社 2002 年版，第 509 页。

和利益分配正在发生新的深刻变化，和平与发展这两大课题至今一个都没有解决，天下仍很不太平。"① 因此，中国作为发展中的社会主义大国，自然就把维护世界和平与促进共同发展作为自己的历史使命，为人类和平与发展的崇高事业作出自己应有的努力和贡献。

抓住机遇，加快发展，必须坚持物质文明、政治文明、精神文明的全面协调发展。社会的发展应当是全面的、协调的，以经济建设为中心，全面解放和发展生产力，是全面建设小康社会的重要内容；也只有如此，才能为不断满足人民日益增长的物质文化生活需要奠定坚实的基础。"发展社会主义民主政治，建设社会主义政治文明，是全面建设小康社会的重要目标。"② 所以，我们必须在坚持四项基本原则的前提下，继续积极稳妥地推进政治体制改革，扩大社会主义民主，健全社会主义法制，建设社会主义法治国家，巩固和发展民主团结、生动活泼、安定和谐的政治局面。"全面建设小康社会，必须大力发展社会主义文化，建设社会主义精神文明。"③当今世界，文化与经济和政治相互交融，在综合国力竞争中的地位和作用越来越突出。因此，必须大力建设社会主义精神文明。

抓住机遇，加快发展，必须不断进行创新。建设中国特色的社会主义事业，是一项前无古人的伟大事业。当今时代，没有强烈的创新意识，缺乏科学的创新精神，没有一套行之有效的创新办法，就不可能抓住机遇，加快发展。解放思想、理论

---

① 《江泽民论有中国特色社会主义》（专题摘编），中央文献出版社2002年版，第521页。
② 《中共十三届四中全会以来历次全国代表大会中央全会重要文献选编》，中央文献出版社2002年版，第675页。
③ 同上书，第681页。

创新是引导社会前进的强大力量，继而成为变革社会的物质力量。创新，包括理论创新，也包括科技创新和体制创新。科学发展观是我们在新时期理论创新的最高成果，是中国共产党集体智慧的结晶，它必将指导中国特色社会主义实践并取得最后的胜利。

第 七 章

发 展 速 度

世界上许多国家特别是我们周边的一些国家和地区都在加快发展。如果我国经济发展慢了，社会主义制度的巩固和国家的长治久安就会遇到极大困难。所以，我们的经济能不能加快发展，不仅是重大的经济问题，也是重大的政治问题。

一、一定的速度是发展的基础

我国是发展中国家，又处在体制转换和结构调整时期，实现现代化建设的目标，解决经济和社会生活中存在的矛盾与问题，都需要保持较快的经济增长速度。要全面建设小康社会、实现社会主义现代化，必须建立在经济较高发展速度的基础上。所以，保持一定的发展速度，不仅是必要的，也是必需的。

改革开放以来，我国的经济发展在持续高速增长的基础上，取得了巨大成就。中国经过 30 多年持续快速的发展，为全面建设小康社会、实现社会主义现代化，奠定了坚实的基础。

所以，我们说"发展速度低了不行，那样经济就上不去，就会处于被动地位，受制于人"。[①] 那些经济落后的国家，不仅

---

① 《江泽民论有中国特色社会主义》（专题摘编），中央文献出版社 2002 年版，第 90 页。

国内政局难以稳定，而且在国际事务中也难以发挥作用。当前国际竞争的实质是以经济和科技实力为基础的综合国力的竞争。科技创新是生产力的重要变革，体制创新是生产关系的重要变革，二者是有机统一的，统一于中国特色社会主义的伟大实践。因此，我们应当以马克思主义的态度，用宽广的眼光观察世界，抓住那些对我国经济、科技、国防、党的建设和社会发展具有战略性、基础性、关键性作用的重大问题，始终站在发展的制高点，不断创新，才能加快我国经济和社会的发展。

　　对我们来讲，21世纪机遇与挑战并存，形势逼人，不进则退。我们一定要以中国特色社会主义理论为指导，坚定不移地贯彻落实党的十七大精神，抓住机遇，加快发展，全面建设小康社会，实现社会主义现代化和中华民族的伟大复兴。只有经济实力强大了，才可能处于主动地位，否则就会被动挨打。我们"只有加快发展，才能增强国家的综合国力，才能在风云变幻的国际局势中处于主动地位，立于不败之地"。① 国家的昌盛，人民的富裕，说到底是经济实力问题。国际竞争，说到底也是经济实力的竞争。经济发展了，国力强大了，我们才能有力量抵御任何自然的和社会的风浪，顶住任何外来的威胁和压力，才能实现民族振兴，对人类作出更大贡献。因此，我们有必要也有可能争取在一个比较长的时期内保持较快的经济增长速度。

　　90年代我国经济的发展速度，原定为国民生产总值平均每年增长6%，现在从国际国内形势的发展情况来看，可以更快一些。为此，我们要抓住有利时机，加快发展，只要条件成熟，能搞快一些的就快一些，只要是质量高、效益好、适应国内外

---

①《江泽民论有中国特色社会主义》（专题摘编），中央文献出版社2002年版，第91页。

市场需求变化的，就应当鼓励发展。

在日趋激烈的国际经济竞争和综合国力较量中，我们面临着发达国家在经济与科技上占优势的压力，面临着国际关系中霸权主义与强权政治的压力。能否加快现代化进程，在国际合作与竞争中取得主动权，将决定我国 21 世纪在国际上的地位和前途。

现在，世界经济和科技发展的形势逼人，我们不加快发展，就会落后。抓住机遇，加快发展，在政治上、经济上对我们都很紧要。因此，我们必须综合分析国际国内条件，充分利用一切有利条件，采取切实措施，保持一个较快的发展速度。

在新世纪，我们要全面建设小康社会，实现社会主义现代化，面对竞争日趋激烈的国际形势，必须加快发展。

总结我们 30 多年来改革开放的实践，我们党的路线方针政策得到全体人民的拥护，我们经得起国际国内各种风浪的考验，我国的国际威望和影响不断提高，都与我国社会生产力的迅速发展、综合国力的显著增强和人民生活不断改善密切相关。因此，发展就成为我们核心的、根本的问题。在实现社会主义现代化的整个历史进程中，解决我国经济和社会生活中存在的矛盾，提高我们抵御各种风险的能力，全面建设小康社会，实现社会主义现代化，要靠发展；解决台湾问题，完成祖国统一大业，要靠发展；反对霸权主义、强权政治，履行我们维护世界和平与促进各国共同发展的国际责任，不断增强我国在国际事务中的作用，也要靠发展。如果我们不加快发展，就会落后，社会主义物质文明、政治文明和精神文明的实现也就无从谈起。

要全面建设小康社会，实现社会主义现代化，解决人民日益增长的物质文化需要同落后的社会生产之间的矛盾，必须加快发展。但我们目前还存在一些不容忽视的问题：我国生产力和科技、教育落后，实现工业化和现代化还有很长的路要走；城乡二元经济结构还没有改变，地区差距扩大的趋势尚未扭转，贫困人口还为数不少；人口总量继续增加，老龄人口比重上升，就业和社会保障压力增大；生态环境、自然资源和经济社会发展的矛盾日益突出；我们仍然面临发达国家在经济科技等方面占优势的压力；经济体制建设和思想道德建设等方面还存在一些不容忽视的问题。面对经济全球化趋势增强，科技革命迅猛发展，产业结构调整步伐加快，国际竞争更加激烈的形势，我们只有加快发展，快速前进，才能立于不败之地。我们"要积极进取，努力提高我国的综合国力和国际竞争力，绝不能因循守旧，丧失发展机遇"。①

二、质量、速度、效益的统一

经济的发展，应当是质量、速度与效益的有机统一。所以，我们"要紧紧抓住有利时机，加快发展，有条件能搞快一些的就快一些，只要是质量高、效益好，适应国内外市场需求变化的，就应当鼓励发展"。② 只要我们真抓实干，大胆而又细致地工作，齐心协力办大事，一心一意谋发展，就能走出一条既有较高速度又有较好效益的国民经济发展路子。

我们要全面建设小康社会，实现社会主义现代化，凡是能积极争取的发展速度要积极争取。同时，又不能脱离我国的实际，片面追求过高的发展速度。我们必须明确，快是有条件的，就是要讲效益、讲质量，适应国内外市场需求的变化。"要坚持从实际出发，注意量力而行，搞好综合平衡，不要一讲加快发

---

① 《十五大以来重要文献选编》（中），人民出版社 2001 年版，第 1370 页。
② 《十四大以来重要文献选编》（上），人民出版社 1996 年版，第 17 页。

展，就一哄而起，走到过去那种忽视效益，片面追求产值，争相攀比，盲目上新项目，一味扩大基建规模的老路子上去。"①事实上，我们所讲的快是有区别的，要坚持从实际出发，注意量力而行，有条件的地方要尽可能加快发展，条件暂不具备的地方要努力创造条件逐步加快发展。快必须是没有水分的，实实在在的增长速度，最终要体现为综合国力的增强、人民生活水平的提高，这样的速度才是我们所要求、所希望的速度，这样的速度才真正过硬。

我们搞经济建设，必须集中力量、满腔热情、千方百计、最大限度地把干部和群众的积极性调动起来，要把各方面的积极性引导好、保护好、发挥好。在实际工作中，既要解放思想、实事求是、与时俱进，抓住有利时机、充分利用客观条件，发挥主观能动性，积极推进各方面的工作，又要注意不做那些条件不具备、一时做不到的事情，不做那些超过市场需求的、盲目重复建设的事情，不要做那些今天勉强上去了，明天又坚持不下来的事情，经济发展速度总会有波动，但要防止大的波折。

我国现代化建设必须遵循速度和效益相统一的原则，正确处理好两者之间的关系，我国是发展中国家，要实现现代化，缩小与发达国家的差距，关键在于要走出一条既有较高速度又有较好效益的国民经济发展路子。我国经济建设的实践表明：要搞好经济建设，难就难在把速度和效益有机地结合起来。问题往往出在偏重数量扩张，单纯追求增长速度，而忽视经济质量，效益不理想，整体素质不高。这是我们经济工作中需要认真解决的一个问题。为使经济发展速度与效益有机统一，必须更新发展思路，实现经济增长方式从粗放型向集约型转变。这

---

① 《十四大以来重要文献选编》（上），人民出版社1996年版，第17页。

种转变的基本要求就是：从主要依靠增加投入，铺新摊子，追求数量，转到以经济效益为中心的轨道上来。只有如此，才能切实把提高经济效益作为经济工作的中心。

保持国民经济持续、快速、健康发展，必须走既有较快速度又有较高素质的发展路子。结构不合理、重复建设多、经济效益低，是当前我国经济发展中最为突出的问题。提高我国经济发展的整体水平，最重要的是提高经济运行的质量和效益。质量和效益上去了，国民经济才能形成良性循环，发展才有后劲儿。质量和效益上不去，即使速度一时上去了，最终也会掉下来。要坚持速度、结构、质量和效益的统一。亚洲有些国家，由于搞泡沫经济，债台高筑，在表面繁荣的背后蕴藏着极大的风险，结果一遇风浪，损失惨重，我们必须从中吸取教训。

保持经济持续、快速、健康发展，切实维护国家的经济安全，必须始终高度重视并抓紧维护国家的经济安全，必须始终高度重视并抓紧解决好粮食安全、水资源和油气资源问题。这是直接关系我国长远发展的战略问题。发展农业是一项长期的艰巨任务，必须始终把农业放在发展国民经济的首位；解决水资源不足的问题，关键是要加强水资源的节约、保护和科学利用，努力提高水的利用效率；我国的石油后备资源必须与经济、人口增长的需要相适应，做到未雨绸缪，有备无患；要十分重视生态建设和环境保护。

要保持国民经济持续、快速、健康发展，就要走一条"新型工业化道路"，"坚持以信息化带动工业化，以工业化促进信息化，走出一条科技含量高、经济效益好、资源消耗低、环境污染少、人力资源优势得到充分发挥的新型工业化路子"。[①] 要

---

① 《中共十三届四中全会以来历次全国代表大会中央全会重要文献选编》，中央文献出版社2002年版，第667页。

走新型工业化道路，就必须发挥科学技术作为第一生产力的重要作用，注重依靠科技进步和提高劳动者素质，改变经济增长的质量和效益。

国民经济要保持持续、快速、健康发展，这本身包含很多的内容。比如，它要求质量要高、成本要低、技术要优良、产品性能要好等等。"持续、快速、健康"这六个字，我们必须一直坚持下去，这是积多年正反两方面的经验才确立起来的我国经济顺利进行的唯一正确的路子。这六个字是相辅相成的统一整体，"健康"是"持续、快速"的保证，如果不"健康"，发生了严重的经济过剩或通货膨胀，"持续、快速"就会被迫打断。坚持这六个字，目的是为了避免和减少经济工作的曲折，尽快把我国经济搞上去，更好地建设中国特色社会主义。

三、要加速发展，提高经济增长的质量和效益，必须调整和优化经济结构

国民经济要保持较快的发展速度，提高其运行的质量和效益，关键是解决结构不合理的问题。经济结构的每一项升级，都会带动经济发展上一个新台阶，这是经济发展的一个规律。目前经济生活中的问题，根本的是结构不合理，结构调整缓慢。21世纪，我们要全面建设小康社会，实现社会主义现代化，必须"推动经济结构战略性调整"。这种经济结构调整不是暂时性、局部性的调整，而是战略性的调整。第一，这种调整，不仅要对低水平、污染环境和浪费资源的落后生产能力坚决进行压缩，又要加快发展短缺的、技术含量高的和有国际竞争力的生产能力，特别要发展高新技术产业。第二，不仅要调整产品结构、产业结构和企业结构，还要对地区和城乡经济结构进行

合理调整。第三，不仅解决当前的市场供求问题，更要提高国民经济的整体素质和效益，着眼于长远发展。如果把这件事情做好了，就能使整个国民经济进入良性循环，社会生产力水平就可以再上一个新台阶。

根据我国经济发展的状况，考虑世界科学技术加快发展和国际经济结构加速重组的趋势，必须对我国经济结构进行战略性调整。不把这件事抓好，就难以实现经济体制和经济增长方式的根本性转变，也难以在21世纪更趋激烈的国际竞争中占据有利地位。因此，我们必须高度认识结构调整的重要性和紧迫性。

进入新世纪，面临新阶段，发展要有新思路，核心就是进行经济结构的战略性调整。我国经济生活中最突出的矛盾是经济结构不合理。世界范围内正在进行结构调整，各国尤其是发达国家的产业结构和企业结构正在发生很大变化。如果我们不抓紧调整，尽快提高国民经济整体素质，就难以在21世纪更趋激烈的国际竞争中赢得主动。所以，我们要下决心用5—10年的时间，使经济结构战略性调整取得明显成效。我国经济发展中存在的突出矛盾和深层次问题就是经济结构不合理，主要表现为：产业结构不合理，地区发展不协调，城镇化水平低，工农业生产技术水平落后，国民经济的整体素质还不高。这些问题如果不加紧解决，就难以提高经济增长的质量和效益，难以增强我国发展的后劲儿。对经济结构调整的问题，认识早，调整快，就主动；见事迟，调整慢，就被动。因此，我们必须抓住时机，采取措施，调整和优化我国的经济结构，促进国民经济的持续、快速、健康发展。

经济结构的调整，必须立足于我国的基本国情。由于我国生产力水平的多层次性、所有制结构的多样性和地区经济发展的不平衡性，决定了结构调整必须因地制宜，发挥比较优势、注意处理好三个关系。一是高新技术产业与传统产业的关系。高新技术产业是有广阔市场前景的新的经济增长点。传统产业量大面广，是我国经济实力的基本依据，仍有很大发展空间。必须抓紧用高新技术和先进适用技术改造传统产业，特别是要促进装备制造业和老工业基地的振兴；二是技术资金密集型产业与劳动密集型产业的关系。在努力发展技术资金密集型产业的同时，认真落实各项政策措施，积极扶持劳动密集型产业特别是服务业的发展。这有利于带动新的投资和消费，扩大就业；三是东部、中部发展与西部开发的关系。东、中、西部地区都要积极探索符合自身特点的发展路子，实现优势互补。要做好规划，落实政策，突出重点，讲求实效，扎实有效地向前推进。

四、加快经济发展的目的是不断提高人民的物质文化生活水平

发展是我们解决所有问题的关键，而"经济发展的最终目的是满足人民群众日益增长的物质文化生活需求"。[①] 我们所面临的主要矛盾是人民日益增长的物质文化生活需要同落后的社会生产之间的矛盾，经济的发展，速度的提高，最终都是要解决这一主要矛盾。

我们党的唯一目的和宗旨就是全心全意为人民服务。因此，我们所做的一切，都是为了实现好、发展好、维护好人民的利益。"我们党是代表最广大人民群众的根本利益的，所以全党同志的一切工作都是全心全意为人民服务的，都是为了实现好、

---

① 《江泽民论有中国特色社会主义》（专题摘编），中央文献出版社 2002 年版，第 107 页。

发展好和维护好人民的利益，任何脱离群众、任何违反群众意愿和危害群众利益的行为，都是不允许的。"① 我们加快改革开放和经济发展的步伐，全面建设小康社会，实现社会主义现代化，目的都是为了满足人民日益增长的物质文化需要。因此，在经济加速发展和社会财富不断增加的同时，城乡居民的实际收入、消费水平和生活质量都要有明显提高。

提高人民生活水平是改革开放和发展经济的根本目的。在经济发展的基础上，使全国人民过上小康生活，并逐步向更高的水平前进。努力增加城乡居民实际收入，拓宽消费领域，引导合理消费。在改善物质生活的同时，充实精神生活，美化生活环境，提高生活质量。

我们党领导人民进行改革开放和现代化建设的根本目的，就是要通过发展社会生产力，努力满足人民群众日益增长的物质文化需要。因此，在整个现代化建设的过程中，都必须努力使广大工人、农民、知识分子和其他群众共同享受到经济社会发展的成果，使他们不断得到看得见的物质文化利益，从而使他们越来越深刻地认识到实行改革开放和实现社会主义现代化是祖国的富强之道，也是自己的富裕之道，从而使他们更加自觉地为之共同奋斗。这是我们的事业不断发展并取得最终成功的根本保证。

不断提高人民生活水平，是我们党一切工作的根本出发点和归宿点。人民生活不断改善，就会更加拥护我们党的领导和社会主义制度，更加充满信心地投入改革开放和现代化建设事业，我们党的执政基础也就能够日益巩固。所以，我们必须在整个社会生产和建设发展的基础上，不断使全体人民得到并日

---

① 《全面加强党的建设的伟大纲领》，人民出版社 2000 年版，第 6 页。

益增加看得见的物质利益，千方百计为他们谋利益。

改善人民生活，是科学发展观的根本体现，是正确处理改革、发展、稳定关系的着眼点和落脚点，也是扩大国内需求，为国民经济持续快速健康发展提供持久动力的重要保证。必须从维护改革、发展、稳定大局的政治高度，把扩大就业、改善人民生活的工作抓紧抓好。加速经济发展的目的是为了满足人民日益增长的物质文化生活需要，而人民群众这种需要的不断满足和质量的不断提高，又会激发其大干社会主义的积极性、主动性、创造性，从而为发展生产力、创造更多的社会物质文化财富作出更大的贡献。这样，社会就会进入良性发展的轨道。

五、改革开放取得的巨大成就，为今后的发展奠定了良好的基础

改革开放30多年来，我们的改革开放事业取得了突破性的进展和举世瞩目的成就，为今后的发展奠定了坚实的基础。

经济体制改革和结构调整稳步推进。电信、民航、电力等垄断性行业改革不断深入，市场竞争格局逐步形成，军工企业改革和脱困工作稳步推进；财税、金融、社会保障、粮棉流通体制等改革继续深化；行政审批制度改革加快；农村税费改革试点逐步扩大，取得明显成效。西部大开发积极推进，基础设施和生态环境建设明显加快；农业生产加快向区域化、优质化、产业化方向发展；工业结构调整步伐加快，以信息技术为代表的高新技术产业比重提高；商业流通手段不断加快。粮食等主要农产品供给实现了由长期短缺到总量平衡、丰年有余的历史性转变。以信息产业为代表的高新技术产业

迅速崛起。传统工业改造步伐加快。现代服务业快速发展。经济增长质量和效益不断提高。国家税收连年大幅度增长。社会生产力跃上新台阶，国家的经济实力、抗风险能力和国际竞争力明显增强。

基础设施建设成就显著。我们集中力量建成了一批关系全局的重大基础设施项目。进行了新中国成立以来规模最大的水利建设。

现代市场体系建设全面展开。国民经济市场化程度进一步提高，市场在资源配置中的基础性作用明显增强。公用服务和能源、交通领域价格改革不断深化。资本、产权、土地、技术和劳动力市场加快发展。现代流通和营销方式不断拓展。整顿和规范市场经济秩序取得阶段性成果。在全国先后开展了声势浩大的打击走私、骗税骗汇、制售假冒伪劣商品的专项行动，对文化、旅游、建筑、集贸等市场和安全生产秩序进行专项整治。依法查处了一大批经济违法案件，惩治了严重破坏市场秩序的犯罪分子。市场环境和消费环境逐步改善。

社会保障体系框架基本确立。城镇基本养老保险制度和基本医疗保险制度建设迈出重大步伐。建立了国有企业下岗职工基本生活保障制度、失业保险制度、城市居民最低生活保障制度。社会保障覆盖面不断扩大，全国城镇参加基本养老保险、基本医疗保险和失业保险的人数大幅度增加，符合条件的城市困难居民已被逐步纳入最低生活保障范围，基本做到应保尽保。城镇职工基本医疗保险制度、医疗卫生体制、药品生产流通体制改革取得重要进展。农村新型合作医疗制度开始试点。社会保障体系的加快建设，为维护社会稳定、深化改革、调整结构和促进发展提供了有力保障。

对外开放向广度和深度扩展。对外贸易连续跨上几个台阶。

高新技术产业、基础设施和服务业吸收外资明显增加。实施
"走出去"战略，对外投资、工程承包和劳务合作不断扩大。

　　以上这些成就的取得，为今后的发展奠定了坚实的基础。
只要我们长期不懈地艰苦奋斗，一定能走出一条速度较快、质
量较高、效益较好的国民经济发展路子，一定能实现我们的发
展目标。

第 八 章

协 调 发 展

　　要全面建设小康社会，实现社会主义现代化，必须使经济与人口、资源、环境协调发展，使物质文明、政治文明、精神文明、社会文明、生态文明有机统一，正确处理改革、发展、稳定的关系。

一、经济与人口、资源、环境的协调发展

　　经济与人口、资源、环境的协调发展，即可持续发展。所谓可持续发展，就是既要考虑当前发展的需要，又要考虑未来发展的需要，不以牺牲后代的利益为代价来满足当代人的利益。可持续发展，是人类社会发展的必然要求，已经成为世界许多国家关注的一个重大问题。

　　据《经济时报》报道，目前世界上每天有 140 种生物消亡，两万多人死于饥饿；占世界人口 5% 的富人享用着全世界总消费资源的 96%。每年，4500 亿吨废水流入江河湖海，约 1700 万公顷森林消失。30 年后，全球 55% 以上的人口将面临水荒。2050 年后的若干年，全球人口将突破 100 亿。[①]

---

① 《经济日报》，2002 年 8 月 27 日。

2002 年 8 月 26 日至 9 月 4 日，百余名国家元首或政府首脑及来自 180 多个国家和地区的约 6 万名代表，参加在南非约翰内斯堡举行的可持续发展世界首脑会议。会议集中讨论了贫困、水资源、能源、健康和环境污染等全球性问题。

实现可持续发展，核心的问题是实现经济社会和人口资源环境的协调发展。现在，国际上已经达成了一个越来越明确的共识，就是发展不仅要看经济指标，还要看人文指标、资源指标、环境指标。目前，在各国的共同努力下，世界经济和社会发展取得了较大进展。但是，以全球可持续发展为目标的《21 世纪行动议程》等重要文件的落实情况并不能令人满意，不可持续的生产和消费方式依然对人类生存形成严峻挑战。某些方面的情况实际上还不如 10 年前，有进一步恶化的趋势。这些问题主要有：

第一，全球生态环境持续恶化。因过度开发，过去 30 年中，全球 23% 的耕地严重退化，土壤流失每年 250 亿吨，1/3 以上的土地面临沙漠化威胁。20 世纪 90 年代，森林面积减少 9400 万公顷，面积超过委内瑞拉。目前，每年有 4500 亿吨废水、污水流入江河湖海。过去 10 年，全球二氧化碳排放量增加了 9%，全球气候变暖的迹象日趋明显，旱灾的频率与严重程度不断增加。生态失衡的状况严重危害着动植物，每年有 9% 的树种、13% 的鸟类和 25% 的哺乳动物濒临灭绝，34% 的鱼类资源枯竭。更为严重的是，环境恶化的趋势尚未得到遏制。大气中的可吸入颗粒物、二氧化硫、一氧化碳等污染物仍在大量增加；土地荒漠化的发展使沃土和耕地逐年减少，森林面积以每年约 1700 万公顷的速度在地球上消失，日均有 140 种生物消亡。环境恶化已成为人类可持续发展的一大制约因素。

第二，自然资源短缺。能源是可持续发展进程中的关键因素之一，而现有的能源供应和消费方式不符合可持续发展的要求。发达国家人口占世界人口的20%，却消耗世界不可再生能源的80%和淡水的40%，这些国家的人均二氧化碳排放量是发展中国家的10倍。据预测，能源消费在未来20年内还将以年均2%的速度增长。全球水资源短缺的状况近10年来未得到实质性改善。全球有11亿人未能喝上洁净的饮用水，24亿人缺乏用水卫生设施。联合国发出警告，如再不合理利用水资源，继续过度用水，破坏淡水资源，2025年，世界近一半人口将会生活在缺水地区。今后30年内，全球55%以上的人口将面临水荒。

第三，贫富鸿沟越来越深。在经济全球化的进程中，发展中国家发展长期滞后以及边缘化的状况日趋严重。据统计，发达国家拥有全球生产总值的86%，而广大发展中国家仅占14%。全球前三大富豪的财富超过了48个最贫穷国家的国内生产总值（GDP）的总和。

第四，世界人口急剧增长。世界人口的急剧增长给可持续发展带来巨大挑战。世界总人口1950年为25亿，30年后增至44亿，2000年突破60亿。据联合国预计，全球人口2025年将达到80亿，2050年增至93亿，再过若干年后将突破100亿。

人口的增长将使地球不堪重负，本已紧缺的可耕地、自然资源将更加紧张。特别是人口密度大、资源相对缺乏、发展水平低的国家，可能会引发空前危机。

第五，疾病威胁人类健康和生存。值得重视的是正在全球范围内蔓延的艾滋病。据联合国艾滋病联合规划署的最新统计，目前全世界有4000多万人患有艾滋病或染上了艾滋病病毒，其中有300万人死于艾滋病。在有些非洲国家，艾滋病患者的人数已占成年人口的1/3，有许多儿童因艾滋病夺去父母而成为孤儿。可见，艾滋病已超越医学范畴，成为关系到世界经济社会发展进步的大问题。如艾滋病不能得到有效控制，可持续发展只能是纸上谈兵。

以上存在的问题，向人类敲响了警钟，告诫人们必须走可持续发展的道路，否则将会后患无穷。

我国是世界上人口最多的发展中国家，人均资源很有限，必须始终坚持把控制人口、节约资源、保护环境放在重要的战略位置。唯有如此，我们才能实现可持续发展。

我国人口众多，但资源却相对不足，在现代化建设中必须实施可持续发展战略。坚持计划生育和保护环境的基本国策，正确处理经济发展同人口、资源、环境的关系。资源开发和节约并举，把节约放在首位，提高资源利用效率。统筹规划国土资源开发和整治，严格执行土地、水、森林、矿产、海洋等资源管理和保护的法律。实施资源有偿使用制度。加强对环境污染的治理，植树种草，搞好水土保持，防治荒漠化，改善生态环境。控制人口增长，提高人口素质，重视人口老龄化问题。因此，要促进我国经济和社会的可持续发展，必须在保持经济增长的同时控制人口增长，保护自然资源，保持良好的生态环境。这是根据我国国情和长远发展的战略目标而确定的基本决策。

同时，还要促进人与自然的协调与和谐，使人们在优美的生态环境中工作和生活。坚持实施可持续发展战略，正确处理经济发展同人口、资源、环境的关系，改善生态环境和美化生活环境，改善公共设施和社会福利设施。努力开创生产发展、生活富裕和生态良好的文明发展道路。

实现可持续发展，越来越成为各国推进经济和社会发展的战略选择。我国有13亿多人口，资源相对不足，在发展进程中面临的人口资源环境的压力越来越大，我们绝不能走人口增长失控、过度消耗资源、破坏生态环境的发展道路，这样的发展不仅不能持久，而且最终会给我们带来很多难以解决的难题。我们既要保持经济持续、快速、健康发展的良好势头，又要抓紧解决人口资源环境工作面临的突出问题，着眼于未来，确保实现可持续发展的目标。

走可持续发展的道路，是从我国实际出发做出的正确战略选择。在实施可持续发展战略的过程中，我们必须努力做好以下几个方面的工作：第一，坚持节水、节地、节能、节材、节粮以及节约其他各种资源，农业要高产、优质、高效、低耗、讲效益，第三产业与第一、第二产业要协调发展；第二，继续控制人口增长，全面提高人口素质；第三，消费结构要合理，消费方式要有利于环境与资源保护，绝不能搞脱离生产力发展水平、浪费资源的高消费；第四，加强环境保护的宣传教育，增强干部和群众自觉保护生态环境的意识；第五，坚决遏制和扭转一些地方资源受到破坏和生态环境恶化的趋势。

在新世纪，我们要走新型工业化道路，全面建设小康社会，实现社会主义现代化，必须走可持续发展的道路。经济的发展，必须与人口、环境、资源统筹考虑，不仅要安排好当前的发展，还要为子孙后代着想，为未来的发展创造更好的条件，绝不能走浪费资源和先污染后治理的路子，更不能吃祖宗饭、断子孙路。

二、物质文明、政治文明与精神文明的有机统一

在 21 世纪，我们要全面建设小康社会，开创中国特色社会主义事业新局面，就是要"不断促进社会主义物质文明、政治

文明和精神文明的协调发展，推进中华民族的伟大复兴"。① 只有三个文明协调发展，才能全面建设小康社会，加快推进社会主义现代化建设事业。

（一）物质文明

人类的繁衍，社会的发展，必须具备一定的物质基础。我们要全面建设小康社会，实现社会主义现代化，必须大力发展生产力，创造极大的物质财富为基础。

但是，我国目前还处于社会主义初级阶段，就是不发达的阶段，这是我国的基本国情。所谓社会主义初级阶段，就是逐步摆脱不发达状态，基本实现社会主义现代化的历史阶段；是由农业人口占很大比重、主要依靠手工劳动的农业国，逐步转变为非农业人口占多数、包含现代农业和现代服务业的工业化国家的历史阶段；是由自然经济半自然经济占很大比重，逐步转变为经济市场化程度较高的历史阶段；是由文盲半文盲占很大比重、科技教育文化落后，逐步转变为科技教育文化比较发达的历史阶段；是由贫困人口占很大比重、人民生活水平较低，逐步转变为全体人民比较富裕的历史阶段；是由地区经济文化很不平衡，通过有先有后的发展，逐步缩小历史差距的历史阶段；是通过改革和探索，建立和完善比较成熟的充满活力的社会主义市场经济体制、社会主义民主政治体制和其他方面体制的历史阶段；是广大人民牢固树立建设中国特色社会主义共同理想、自强不息、锐意进取、艰苦奋斗、勤俭建国，在建设物质文明的同时努力建设政治文明、精神文明的历史阶段；是逐步缩小同世界先进水平的差距，在社会主义基础上实现中华民

族伟大复兴的历史阶段。这样的历史进程，至少需要一百年的时间。至于巩固和发展社会主义制度，还需要更长更多的时间。

社会主义初级阶段，是整个建设中国特色社会主义的很长历史过程中的初始阶段。随着经济发展和社会全面进步，将来条件具备时，我国社会主义建设会进入更高的发展阶段。在社会主义初级阶段，我们必须以经济建设为中心，坚持四项基本原则，坚持改革开放，不断把中国特色社会主义事业推向前进。经过全党和全国各族人民的努力，我们已经实现了现代化建设"三步走"战略的前两步，人民生活总体上已经达到小康水平。但是，我们现在达到的小康，还是低水平的、不全面的、发展很不平衡的小康。因此，我们必须大力发展生产力。

第二次世界大战以后，发展中国家从帝国主义殖民统治下独立和解放出来，他们面临的首要问题是尽快提高生产力，缓解和摆脱贫困状况，增强国家的实力。在这种情况下，多数发展中国家都确立了以经济增长为目标的"追赶"型，或称单纯的国民生产总值的"追赶"为目标的发展战略。联合国的第一个发展10年（1960—1970年）的报告，1969年应世界银行要求提出的皮尔逊发展报告，以及作为联合国第二个发展10年规划底本的廷伯根发展报告，都是把国民生产总值作为首要目标，实行"先增长后分配"，但却忽视了改善人民生活这一发展经济的根本出发点。片面追求增长的战略，造成了"有增长而无发展"的后果，一些发展中国家出现严重的资源浪费、生态环境恶化、贫富悬殊、产业结构畸形、债台高筑、社会动荡不安等"社会病"，一些与人民生活息息相关的进步目标，如食品结构改善、平民教育、劳动保护、社会福利、医疗保险、社会公正等等，都被当作经济增长的代价牺牲掉了。这种严重的后果，促使人们的发展观发生深刻变化，因而出现了各种"替代发展战略"。其中"以人为本"的、注重人的全面发展的"社会发展战略"和注重人的长远生存条件的"可持续发展战略"，得到世界大多数国家的认同。

我国在改革开放前的30年中，也曾采取过"赶英超美"的发展战略，采取的也是以产值和产量为"追赶"目标的发展战略，人民生活没有得到应有重视。尽管经济增长速度不算慢，但人民却没有从中得到多少实惠，人民生活水平长期得不到提高，严重挫伤了人民群众的积极性、主动性和创造性。我们发展经济的根本目的是提高全国人民的生活水平和质量，不断满足人民日益增长的物质文化生活的需要。因此，我们要随着经济发展不断增加城乡居民收入，拓宽消费领域，优化消费结构，满足人们多样化的物质文化需求。改革开放以来，我们走了一条经济快速增长，人民又能得到更多实惠的发展路子。

事实上，经济增长与人民生活水平提高之间是相辅相成的关系。一方面，经济增长是提高人民生活水平、加快社会发展的基础。发展是硬道理，是解决中国所有问题的关键。实现现代化的宏伟目标，解决经济和社会生活中存在的各种矛盾和问题，满足广大人民群众创造幸福生活的迫切愿望，必须保持较快的发展速度。但另一方面，改善人民生活又是发展的根本出发点和最终归宿，这是我们发展的正确方向和目标。随着人民生活水平的提高和质量的改善，会激发广大人民群众的积极性、主动性、创造性，进而为发展生产力、为社会主义现代化建设作出更大的贡献。社会主义的优越性在不断满足人民日益增长的物质文化需要中得到体现；人民群众作为生产力发展的主体，其大于社会主义的积极性、主动性、创造性的调动，又使社会主义的优越性充分地发挥出来。

中国改革开放的实践正好说明了这一点。由于中国实行了改革开放，促进了经济快速增长，从而有了更多的经济剩余参与分配，人民的收入水平不断提高，消费结构发生深刻变化，生活质量成为新的生活目标，生活环境的优化越来越受到人们的重视。收入的提高和消费的变化，又反过来为经济增长提供新的市场和动力。这样，就形成了经济发展和人们积极性的充分发挥、市场的不断扩大相辅相成、相互推动的大好局面。

目前我国经济和社会生活中存在的突出困难和问题主要是：国内有效需求不足和供给结构不适应市场需求的变化；农民和部分城镇居民收入增长缓慢；失业人员增多，有些群众的生活还很困难；收入分配关系尚未理顺；国有企业改革任务还相当繁重；市场经济秩序有待继续整顿和规范；重大安全生产事故时有发生；有些地方社会治安状况不好；部分地区生态环境恶化；一些政府工作人员脱离群众，形式主义、官僚主义作风和弄虚作假、奢侈浪费行为相当严重，有些腐败现象仍然突出。这些问题，有的是长期积累下来的，有的是体制转轨和结构调整过程中难以完全避免的，有的是由于工作中的缺点和不足造成的。今后要继续采取措施，认真加以解决。

发展社会主义市场经济，必须加强和改善宏观调控。宏观调控要着眼于保持经济稳定较快增长，敏锐把握国际、国内经济形势变化，增强预见性、针对性和有效性。在长期建设国债资金使用中，重点支持基础设施建设，并同推进产业结构调整、企业技术改造、科技教育发展和生态环境建设结合起来，注意向中西部地区倾斜。在扩大投资需求的同时，重视培育和扩大消费需求。高度重视做好金融工作，坚持实行稳健的货币政策。既保持金融对经济发展的必要支持，又防止盲目放松银行信贷。坚持以经济结构调整为主线，着力提高经济增长的质量和效益。发展是硬道理，是解决我国所有问题的关键。要实现发展的目的，必须使国民经济保持较快的发展速度。发展必须有新思路，有市场、有效益的速度，才是真正的、健康的发展。在我国经济发展出现阶段性变化的新情况下，必须坚决进行经济结构的战略性调整。我们要注意把各方面的主要精力引导到调整结构、提高经济增长质量和效益上来，努力实现速度与结构、质量、效益相统一。我们坚持全面调整产业结构、地区结构和城乡结构，着力抓好调整产业结构这个关键：一是加强基础设施建设；二是大力发展高新技术产业特别是信息产业，积极推进国民经济和社会信息化；三是积极改造和提升传统工业；四是努力发展服务业。

近几年来，我们坚持把加强农业、发展农村经济、增加农民收入，作为经济工作的重中之重，下了很大功夫：一是推进农业结构调整，通过政策支持、加强信息服务和技术服务，引导农民按照市场需求调整种植结构、品种结构，发展畜牧业和水产养殖业，推进农业生产区域布局调整。二是深化粮棉流通体制改革，国家为支持粮食流通体制改革，投入了很大数量的资金。棉花购销市场化改革也不断深化，取得了突破性进展。三是进行农村税费改革试点，为解决农民负担过重问题，我们采取了一系列政策措施。农村税费改革，是对保障农民减负增收、促进农业发展、维护农村稳定，已经并将继续发挥重大作用，得到亿万农民的衷心拥护。四是增加对农业和农村的投入。五是加强农村扶贫开发。六是引导农村劳动力合理有序流动。

坚持推进国有企业改革，切实加强再就业工作和社会保障体系建设。国有企业改革是整个经济体制改革的中心环节。不坚决推进改革，国有企业就没有出路。我们坚持社会主义市场经济的改革方向，知难而进，敢于碰硬，加大工作力度，打了一场深化国有企业改革的攻坚战：一是加快现代企业制度建设，二是建立企业优胜劣汰的机制，三是减轻企业负担和历史包袱，四是积极推进企业管理创新，五是大力加强企业外部监管。国有企业改革之所以取得重大进展，至关重要的是坚持实行鼓励兼并、规范破产、下岗分流、减员增效和实施再就业工程的方针，切实搞好再就业工作和社会保障体系建设。

　　坚持全面提高对外开放水平，积极参与国际经济技术合作和竞争。在经济全球化深入发展、国际竞争日趋激烈的情况下，只有顺应世界发展潮流，坚持扩大对外开放，才能更好地利用国内外两个市场、两种资源，加快发展壮大自己。面对严峻的国际经济环境，我们积极应对，趋利避害，变挑战为机遇，开创了对外开放的新局面。近年来，我们在坚持扩大内需方针的同时，丝毫没有放松扩大出口的努力；我们鼓励有条件的各类所有制企业走出去，开拓国际市场，到境外投资办企业，带动设备、零部件出口和劳务输出；根据国际资本流动的新特点，我们抓住机遇，积极扩大利用外资，着力提高利用外资的质量，把吸收外资同国内产业结构调整、国有企业改组改造、西部大开发结合起来。

　　坚持实施科教兴国战略，提高科技创新能力和国民素质。发展科技、教育是实现经济振兴和国家现代化的根本大计。这几年来，我们始终把实施科教兴国战略作为极其重要的任务，主要从增加投入、深化改革、完善政策等方面采取了一系列措施：较大幅度地增加科技、教育投入；全面深化科技、教育体制改革，积极推进科技教育与经济社会发展紧密结合；完善国家科技评价体系和奖励制度，制定技术和管理参与分配的政策，奖励有突出贡献的科技人员和经营管理人员；实施人才强国战略，把培养、吸引和用好人才作为一项重大任务。

　　坚持走可持续发展道路，促进经济发展与人口、资源、环境相协调。实行计划生育、保护环境和保护资源是我们的基本国策。绝不能以牺牲环境和浪费资源为代价求得一时的经济发展。我们始终把实施可持续发展战略放在十分突出的位置，大幅度增加投入，从源头抓起，坚持标本兼治。一是加大生态环境保护和建设力度，二是加强资源保护和合理利用，三是强化环境污染防治，四是加强计划生育工作。

坚持全力维护社会稳定，为改革和发展创造良好环境。我们坚持贯彻稳定压倒一切的方针，十分注意处理好改革、发展、稳定的关系，在改革取得重大进展、经济加快发展的同时，有力地维护了社会稳定。一是坚持把改革的力度、发展的速度与社会可承受的程度统一起来；二是始终关心人民群众的切身利益，特别是努力解决困难群众生产生活中的实际问题；三是正确处理新形势下的人民内部矛盾；四是加强社会治安综合治理，重视和加强安全生产；五是切实维护国家安全；六是逐步完善政法经费保障机制，努力为政法系统开展工作提供必要条件。

（二）政治文明

发展社会主义民主政治，建设社会主义政治文明，是全面建设小康社会的重要目标。我们要不断促进社会主义物质文明、政治文明和精神文明的协调发展。社会主义政治文明在本质上是人民民主的政治文明。社会主义政治文明是一种新型的、为绝大多数人享受的民主的政治文明，同历史上任何剥削阶级占统治地位的社会的政治文明相比，有着本质的区别。要建设社会主义政治文明，必须是坚持党的领导、保证人民当家作主、切实依法治国三者有机的统一。

党的领导、人民当家作主和依法治国的统一性，是社会主义民主政治的重要优势。发展社会主义民主政治，最根本的是要坚持党的领导、人民当家作主和依法治国的有机结合和辩证统一。党的十六大报告指出："发展社会主义民主政治，最根本的是要把坚持党的领导、人民当家作主和依法治国有机统一起来。党的领导是人民当家作主和依法治国的根本保证，人民当家作主是社会主义民主政治的本质要求，依法治国是党领导人民治理国家的基本方略。"① 我国社会主义民主政治的根本内涵及其辩证关系包括：

第一，中国共产党是中国特色社会主义事业的领导核心。中国共产党的领导地位、核心地位不是自封的，而是历史的选择、人民的选择。党的唯一目的和宗旨就是全心全意为人民服务。党在任何时候，都坚持一切为了群众、一切依靠群众、从群众中来、到群众中去的群众路线；任何时候都把群众利益放在第一位，同群众同呼吸、共命运，保持最密切的联系。共产党执政，就是领导和支持人民当家作主，最广泛地动员和组织人民群众依法管理国家和社会事务，管理经济和文化事业，维护和实现人民群众的根本利益。中国共产党有信心、有决心、有能力领导改革开放事业并取得胜利。第二，人民当家作主是社会主义民主政治的核心。党的一切权力是人民给的，都属于人民。党对国家政治生活的领导，最本质的内容就是组织和支持人民当家作主；共产党执政的实质是人民当家作主。人民群众是我们的根本，是我们事业胜利的保证，是党的力量源泉，更是我们发展前进的不竭动力源泉。党的领导核心地位同人民群众当家作主的地位是相互贯通、相辅相成的。第三，依法治国是党的领导与人民当家作主实现有机结合的途径。依法治国把坚持党的领导、发扬人民民主和严格依法办事有机地统一起来。

---

① 江泽民：《全面建设小康社会，开创中国特色社会主义事业新局面——在中国共产党第十六次全国代表大会上的报告》，人民出版社 2002 年版，第 31 页。

要建设政治文明，必须切实加强政府自身建设。在大力推进改革开放和现代化建设的新情况下，进一步加强政府自身建设特别是政风建设十分重要。在新形势下，必须深化行政管理体制改革。坚持政企分开，进一步转变政府职能，调整政府机构设置，理顺部门职能分工，减少行政审批，提高政府管理水平，努力形成行为规范、运转协调、公正透明、廉洁高效的行政管理体制。要坚持依法行政、从严治政。完善公务员制度，建设高素质公务员队伍。加快电子政务建设。继续深入开展反腐败斗争，大力纠正行业不正之风，严肃查处各类违法违纪案件。加强制度建设，强化行政监督和审计监督，努力从源头上治理腐败。切实转变工作作风，反对形式主义和官僚主义，不搞沽名钓誉的"形象工程"，纠正虚报浮夸、强迫命令的恶劣作风，反对奢侈浪费。各级政府工作人员要深入基层、深入群众，倾听群众呼声，关心群众疾苦，及时解决群众反映强烈和不满意的问题。在新的形势下，要增强忧患意识，居安思危，务必继续保持谦虚谨慎、不骄不躁的作风，务必继续保持艰苦奋斗的作风。

党的十六大报告对我国的政治建设和政治体制改革做出了具体部署，强调重点需要做好九个方面的工作：第一，坚持和完善社会主义民主制度；第二，加强社会主义法制建设；第三，改革和完善决策机制；第四，改革和完善党的领导方式和执政方式；第五，深化行政管理体制改革；第六，推进司法体制改革；第七，深化干部人事制度改革；第八，加强对权力的制约和监督；第九，维护社会稳定。这九个方面的建设和改革，可以说是坚持党的领导、人民当家作主、依法治国相统一的具体化，也是当前和今后一个时期内我国政治建设和政治体制改革的着力点。

（三）精神文明

全面建设小康社会，必须大力发展社会主义文化，建设社会主义精神文明。精神文明为物质文明、政治文明提供精神动力和智力支持，是社会协调发展的重要方面，是全面建设小康社会的重要内容。

要建设社会主义精神文明，必须牢牢把握先进文化的前进方向。在当代中国发展先进文化，就是发展面向现代化、面向世界、面向未来的、民族的、科学的、大众的社会主义文化，以不断丰富人们的精神世界，增强人们的精神力量。先进文化既是人类文明进步的结晶，又是人类文明进步的旗帜，是推动人类继往开来、与时俱进、开拓创新的强大精神动力。文化有先进与落后之分，还有腐朽反动的糟粕。历史上的先进文化，总是与一定历史发展阶段中先进的经济和政治相联系，从而从根本上反映和促进先进生产力的发展要求，代表和维护最广大人民的根本利益。

我们党要始终代表中国先进文化的前进方向，就是党的理论、路线、方针、政策和各项工作，必须努力体现发展面向现代化、面向世界、面向未来的、民族的、科学的、大众的社会主义文化的要求，促进全民族思想道德素质和科学文化素质不断提高，为我国经济发展和社会进步提供精神动力和智力支持。

坚持什么样的文化方向，推进建设什么样的文化，是一个政党在思想上、精神上的一面旗帜。我们党成立 90 年来，始终高举中国先进文化的前进旗帜，努力建设和弘扬反映革命、建设和改革要求的新文化，涤荡旧社会遗留下来的和国外渗透进来的腐朽没落的旧文化，从思想上、精神上极大地解放和激励了广大干部群众，在全党和全国人民中形成了凝聚人心、统一意志、富于感召力的正确指导思想和共同理想。

社会主义精神文明建设，包括思想道德建设和教育科学文化建设两个方面，它渗透在整个物质文明建设之中，体现在经济、政治、文化、社会生活的各个方面。中国特色社会主义文化，就其主要内容来说，同社会主义精神文明是一致的，文化相对于经济、政治而言，精神文明相对于物质文明而言。

社会主义精神文明是社会主义社会的重要特征，是现代化建设的重要目标和重要保证。在新时期，社会主义精神文明建设的指导思想是：以中国特色社会主义理论为指导，坚持党的基本路线和基本方针，加强思想道德建设，发展教育科学文化，以科学的理论武装人，以高尚的精神塑造人，以优秀的作品鼓舞人，培养有理想、有道德、有文化、有纪律的社会主义公民，提高全民族的思想道德素质和科学文化素质，团结和动员各族人民，把我国建设成为富强、民主、文明、和谐的社会主义现代化国家。这也是精神文明建设的总要求。

要发展社会主义先进文化，建设社会主义精神文明，还有许多工作要做，还存在许多问题。在一些地方和部门的领导工作中，忽视思想教育、忽视精神文明的问题还没有解决。一些领域道德失范，拜金主义、享乐主义、个人主义滋长；封建迷信活动和黄赌毒等丑恶现象沉渣泛起；假冒伪劣和欺诈活动成为社会公害；文化事业受到消极因素的严重冲击，危害青少年身心健康的东西屡禁不止；腐败现象在一些地方蔓延，党风、政风受到很大损害；一部分人国家观念淡薄，对社会主义前途发生困惑和动摇。这些问题必须引起我们的高度重视。

发展社会主义文化，建设社会主义精神文明，是全面建设小康社会的重要内容。一个社会，如果只有物质文明、政治文明，而没有精神文明，那么这个社会就是不全面的，也不是我们所追求的。因此，要全面建设小康社会，必须切实加强精神文明建设，满足人民群众日益增长的多种精神文化需求，全面提高国民素质，增强民族凝聚力，为改革开放和现代化建设提供强大的思想保证、精神动力和智力支持。

（四）物质文明、政治文明和精神文明的辩证关系

要不断促进社会主义物质文明、政治文明和精神文明的协调发展。这三个方面是相互协调、相互促进、缺一不可的，必须全面推进。

人类在经济领域中创造的财富，主要表现为社会物质财富，即物质文明；在政治领域中创造的财富，主要表现为社会政治制度和民主的进步，即政治文明；在文化领域中创造的财富，主要表现为社会精神产品和精神生活的丰富，即精神文明。在社会生活中，这三个方面是相互交织、相互渗透、相互转化的。

社会主义现代化事业的成功，人民生活水平的不断提高和人的自由、全面发展，离不开生产力的发展，离不开物质文明的不断进步，这是政治文明、精神文明的基础和物质保证。只有生产力高度发达，物质财富极大丰富，才能为政治文明、精神文明的发展开辟广阔的道路。政治文明的发展则为物质文明、精神文明提供政治动力、政治保障。精神文明则为物质文明、政治文明的发展提供精神动力和智力支持。这三者一起成为社会主义全面发展、不断进步，不可缺少的有机组成部分，成为全面建设小康社会的重要目标。它们之间是相互联系、相互促进、相辅相成的，是有机统一的，统一于中国特色社会主义的伟大实践；并在中国特色社会主义实践中，使物质文明、政治文明、精神文明的内容不断丰富、完善和发展。

三、处理好改革、发展与稳定的关系

改革、发展与稳定的关系，"好比是我国现代化建设棋盘上的三着紧密关联的战略性棋子，每一着棋都下好了，相互促进，就会全局皆活；如果有一着下不好，其他两着也会陷入困境，就可能全局受挫。所以把握好改革、发展、稳定的关系，是现代化建设的一项重要领导艺术"。[①] 正确处理三者的关系，目的是为了保证我国经济的持续、快速、健康发展，保证中国特色社会主义事业的全面进步和最终成功。在整个社会主义现代化建设的过程中，我们都必须处理好改革、发展和稳定的关系，努力做到在稳定中推进改革和发展，以改革和发展确保社会的长期稳定。在三者的相互关系中，"改革是动力，发展是目标，稳定是前提。没有改革，我们就不可能走出一条建设有中国特色社会主义的正确道路，我们的事业就不可能顺利前进；没有发展，我们就不可能实现现代化，也就不可能保持党和国家的长治久安；没有稳定，改革和发展都无从进行"。[②] 改革、发展、稳定三者之间存在着不可分割的内在联系。

在新世纪，我们要全面建设小康社会，实现社会主义现代化，必须依靠发展。发展是硬道理，中国解决所有问题的关键，要靠自己的发展。"增强综合国力，改善人民生活；巩固和完善社会主义制度，保持稳定局面；顶住霸权主义和强权政治的压力，维护国家主权和独立；从根本上摆脱经济落后状况，跻身于

---

　　① 《江泽民论有中国特色社会主义》（专题摘编），中央文献出版社 2002 年版，第 211 页。
　　② 同上。

世界现代化国家之林，都离不开发展。"① 在这里，我们所讲的发展，是指以科学发展观为指导，通过改革开放，牢牢把握发展是党执政兴国的第一要务，全面建设小康社会，率先实现现代化，为把中国建设成为富强、民主、文明、和谐的社会主义现代化国家，实现中华民族伟大复兴而奋斗的一系列理论、方法和原则。

我们党是执政党，必须在不断的发展中创造坚实的物质基础和群众基础。毛泽东同志曾指出，必须给群众以看得见的物质利益，而发展则是创造极大物质财富的基础。

我们党之所以能得到人民群众的真心拥护，就是因为我们能全心全意为人民服务，真心诚意谋发展，一心一意搞建设，从而取得了巨大成就，造就了我们党执政的物质基础和坚实的群众基础。进入新世纪以后，世界上许多国家都在认真总结过去 100 年发展的历史经验，将发展定位于优先考虑的战略位置，精心谋划新世纪的快速发展。可以预见，在未来国际社会的竞争中，以经济实力为基础的综合国力的竞争将更加激烈。我们要实现自己的发展目标，在国际竞争中争取主动，必须"发展要有新思路，改革要有新突破，开放要有新局面"，制定一系列的政策和战略措施。

改革是一场深刻的社会变革，必然要求进行利益调整、体制转换和观念更新。事实上，改革是经济和社会发展的强大动力，是为了进一步解放和发展生产力。我们经济建设所取得的巨大成就，是在改革中实现的。要实现本世纪头 20 年全面建设小康社会的奋斗目标，关键仍在于深化改革。改革是社会主义制度的自我完善和发展。它的决定性作用不仅在于解决当前经济和社会发展中的一些重大社会发展问题，推进社会生产力的

---

① 《江泽民论有中国特色社会主义》（专题摘编），中央文献出版社 2002 年版，第 213 页。

解放和发展，同时，还要为本世纪我国经济的持续发展和国家的长治久安打下坚实的基础。

稳定是改革和发展的基本前提，没有稳定，什么事情也办不成。"没有稳定的政治和社会环境，一切无从谈起，多么好的规划、方案都将难以实现。"① 要保持稳定，就必须"坚持党的领导和人民民主专政，坚持物质文明和精神文明两手抓、两手都要硬的方针，排除一切破坏稳定的因素"。② 所以，我们要全面建设小康社会，顺利实现现代化建设的目标，必须保持稳定的政治和社会环境，为各项事业的发展提供前提和保证。

要正确处理改革、发展、稳定的关系，还必须把握一条总的原则，即把改革的力度、发展的速度和社会可承受的程度协调统一起来。在深化改革的进程中，要始终注意适应国力和社会的承受能力。我国人口多、底子薄，各地和各行各业的发展不平衡，国家的财力、物力还不充裕，我们做任何工作都必须充分考虑这个基本国情和重要现实。做任何事情，不能只顾局部利益，而不考虑整体利益，不能只考虑一时一地一厂的经济发展，而不注意整个经济社会全局的稳定和发展，不能只单纯地算经济账，而不同时算社会账、政治账。各项改革和发展都要分清轻重缓急，统筹安排，不能一下子都铺开。要先务当务之急，不搞不急之务。对各种人民内部矛盾，要及时妥善地加以处理，防止矛盾激化而影响社会稳定和人民团结。

处理好改革、发展、稳定的关系，关键是要始终注意维护人民群众的利益。"人民群众是社会主义现代化事业的最终决定力量。把人民群众的利益实现好、维护好、发展好，这是正确

---

① 《江泽民论有中国特色社会主义》（专题摘编），中央文献出版社 2002 年版，第 213 页。

② 同上书，第 214 页。

处理改革、发展、稳定关系的结合点，是保证经济持续增长的动力所必需的，也是维护社会稳定、巩固党的执政基础所必需的。"① 人民群众是改革发展的主体和动力，也是稳定的力量源泉和深厚基础。只要广大人民群众真心实意地拥护改革，我们就一定能够应对各种复杂情况和矛盾，即使出点这样或那样的问题也好办。而要赢得群众的拥护，最根本的是要把实现和维护最广大人民群众的利益作为我们一切工作的出发点和落脚点，努力使工人、农民、知识分子等基本群众共同享受改革发展的成果。党的一切方针政策都要以是否符合最广大人民群众的利益为最高标准，以最广大人民群众满意不满意为根本准则。只有如此，才能赢得人民群众的拥护和支持，为处理好改革、发展、稳定的关系奠定坚实的基础。

---

① 《江泽民论有中国特色社会主义》（专题摘编），中央文献出版社 2002 年版，第 217 页。

第九章

均 衡 发 展

在区域布局上，应当是东部、中部、西部在发挥各自比较优势的基础上协调发展。西部大开发关系中国社会主义现代化建设的全局，没有西部的现代化，就不能说中国实现了现代化。"实施西部大开发战略，关系全国发展的大局，关系民族团结和边疆稳定。"[①]城乡差距要缩小，城乡发展的思路要创新。要"统筹城乡经济社会发展，建设现代农业，发展农村经济，增加农民收入"。[②] 均衡不是平均、同步，"有条件的地方可以发展得更快一些，在全面建设小康社会的基础上，率先基本实现现代化"。[③]

一、东部、中部、西部均衡发展

（一）邓小平"两个大局"区域经济发展的构想

1988 年 9 月，邓小平在听取关于价格和工资改革方案的汇

---

① 《中共十三届四中全会以来历次全国代表大会中央全会重要文献选编》，中央文献出版社 2002 年版，第 669 页。

② 同上书，第 668 页。

③ 同上书，第 666 页。

报时指出："沿海地区，要加快对外开放，使这个拥有两亿人口的广大地带较快地先发展起来，从而带动内地更好地发展，这是一个事关大局的问题。内地要顾全这个大局。反过来，发展到一定的时候，又要求沿海拿出更多力量来帮助内地发展，这也是个大局。那时沿海也要服从这个大局。"① 同年，他在会见外宾时说："我们的发展战略第一步是沿海地区先发展，第二步是沿海地区帮助内地发展，达到共同富裕。"②

由沿海到内地逐步发展、逐步推进，是邓小平区域发展战略布局的思想。邓小平提出划出一块地方搞特区加快经济发展的意见，很快变成中央的重大决策。1984年4月，上海、广州等14个沿海城市开放；1985年2月，长江三角洲、珠江三角洲及闽南三角地区被确定为沿海经济开发区；1987年，海南建省；1988年3月，山东半岛、辽东半岛及环渤海地区被划入沿海经济开发区，东部沿海地区形成了经济特区、开放城市、开放地区由点到面的对外开放格局。随着实践的发展，邓小平关于优先发展沿海地区的战略举措，取得了巨大成功。自1992年起，中国区域开放从沿海向内地延伸，长江开放地带建成、13个边境城市开放、所有内陆省会城市开放、浦东开发，沿海、沿江、沿边和内陆省会城市全方位大开发的格局形成。改革开放30多年的实践充分证明，对小平同志提出的由外向内、由沿海到内地逐步推进、依次发展的战略布局，是符合中国国情的。这一发展战略的实施，不仅加快了东部沿海地区经济的迅速发展，而且在一定程度上带动了中西部广大区域的经济开放和发展。同时，这也是邓小平同志让有条件的地区先发展起来，帮助和带动其他地区，逐步实现共同富裕发展战略思想的体现。

---

① 《邓小平文选》第3卷，人民出版社1993年版，第277—278页。
② 《人民日报》，1988年10月6日。

　　随着经济的发展和改革开放的深入，由于各地区起点不同、政策的倾斜程度不同、自然条件不同等诸多因素，东部、中部和西部之间出现了明显的地区差距，而且这种差距有逐步拉大的趋势。各地区的发展，应当是在发挥各自比较优势的基础上协调发展的；如果各地区之间差距过大，不利于中国社会主义现代化事业的顺利进行，不利于广大中西部地区经济、社会的发展。因此，在实现社会主义现代化的进程中，到一定时候、在条件许可的情况下，必须采取有力措施，在保证东部地区快速发展的基础上，加快广大中西部地区发展的速度，以缩小地区之间的差距。

　　综观世界各国，地区发展不平衡问题，是世界各国（特别是大国）经济发展过程中的重要现象，从某种意义上说，这种现象是不可避免的。地区发展不平衡，包含两个含义：从静态观点看，发展不平衡是指一个国家内部各地区经济发展水平的差异性，比如低收入地区、中等收入地区、高收入地区之间的差距；从动态观点看，地区发展不平衡是指各地区经济增长速度的差异性，比如低增长速度地区、中增长速度地区、高增长速度地区之间的差距。

　　中国作为一个发展中大国，地区发展不平衡问题并不是现在才出现的，它是一个在历史发展过程中逐步形成的。当然，这种不平衡性在不同时期所表现出来的特点、程度、结果是有所区别的。新中国成立初期，中国各地区经济不平衡格局以及发展水平的差异性也是十分明显的。全国工业的70%分布在沿海地区，内地只有30%。各地区经济发展水平的差异不大。建国以后，中国地区差距（包括相对差距和绝对差距）呈不断扩大的趋势。尽管五六十年代中央政府实行均衡发展战略，但这一战略不仅没有改变中国地区发展不平衡的特征，而且使地区间的相对差距不断上升。50 年代初期工业与农业比较，劳动生产率也出现了不断上升的趋势，到 70 年代初达到最高峰，而后呈下降趋势。

在 21 世纪，中国要全面建设小康社会，必须使各地区经济协调发展。因为没有中西部地区的现代化，而只有东部地区的现代化，就不能说中国实现了现代化；东部地区人民生活幸福富裕，而广大中西部地区，尤其是西部地区一部分人民群众长期处于生活的低水平，就不能说中国实现了现代化。因此，我们要全面建设小康社会，必须认真解决好东部、中部和西部协调发展的问题，认真解决和处理好目前地区差距的问题以及有可能带来的各种后果。

（二）东部、中部和西部的基本特点

东部地区在三大地区中人口最稠密。它有明显的特点和优势：科技文教发达，经济地理位置优越，交通方便，特别是海上运输独具优势，有利于实行全方位的对外开放，有利于参与现代国际分工；海洋资源得天独厚，开发潜力大；基础雄厚，效益较高，资金相对充裕；城市规模和城市密度较大，城镇化水平较高。

东部地区存在三大经济区：渤海湾地区、长江三角洲、珠江三角洲。渤海湾地区是我国最大的铁矿富集区，处于全国最大的炼焦煤区，而且紧靠以山西为中心的全国最大的煤炭基地；辽河、大港、胜利油田及渤海大陆架有丰富的油气资源；还有丰富的海盐资源和多种建材资源，这是全国少有的，也是东部地区内资源开发潜力最大的地区。这里是全国最大的重工业基地。石油、石化、盐碱化工、机械、电子均居全国重要地位。有大连、秦皇岛、天津三大海港。长江三角洲地区以上海为轴

心，是我国城镇最密集、最富庶的地区，经济资源、科技力量、对外联系、生产的经济效益均居全国首位。但其不利因素是能源、原材料严重短缺。珠江三角洲地区以广州为中心。这一地区毗邻港澳，从吸引外资、外汇、扩大对外贸易的角度讲，港澳是一个最便捷的通道；华侨众多，是一支很值得利用的建设力量；有深圳、珠海两个前沿窗口，可作为外引内联的桥梁、技术转移和信息传递的跳板；有富饶的珠江三角洲平原和南海油田，为今后的发展提供了广阔的空间。

　　东部地区在自身的发展过程中，也出现了一些比较突出的矛盾：淡水资源缺乏，特别是北部沿海大城市，农业、工业、城市生活用水的矛盾比较大；能源紧缺；产业结构不合理，高能耗的传统产业仍占很大比重，不利于迎接世界新技术革命的挑战，再加上基础设施落后，设备老化，职工技术装备系数低，使这一地区的经济增长速度、经济效益和竞争能力受到影响。

　　中部地区是一个过渡性明显的地带，这里曾是中华民族文明的摇篮和发祥地。本地区处于全国的腹地，地理位置优越，拥有通往海洋的大江大河，既便于同东部和西部加强联系，又便于从东西两个方向开拓市场，发挥自己的比较优势。拥有丰富多样的地表资源与地下资源，海拔较低，气候条件较好，农、林、牧结合比较紧密。地下资源中，矿种较全，优势资源较多，资源丰富。其中以煤炭、石油、稀土、硅灰岩等最突出；由于交通便利，开发的经济性较高。同时，这一地区具有较好的经济基础，又具有相当的开发潜力。

　　西部地区地域辽阔，人均土地资源较多，山地、沙漠面积较大，自然条件有艰苦的一面，也有有利的一面，如北部日照强，通风好，昼夜温差大，有利于农作物的生长。南部一般温暖湿润，水热资源丰富，生物资源繁多。这里矿种齐全，有的是世界稀有的，多种能源、矿藏还处于待开发状态；发现新矿区、新矿种的可能性大。但是，这一地区人口稀少，经济技术落后。

由于各地区的实际情况不同，在发展过程中也应当采取不同的发展战略。"中西部地区，要适应发展市场经济的要求，加快改革开放步伐，充分发挥资源优势，积极发展优势产业和产品，使资源优势逐步变为经济优势。……东部地区要继续充分利用有利条件，增强经济活力，在深化改革、转变经济增长方式、提高经济素质和效益方面迈出更大的步伐。"① 只有因地制宜，采取不同的措施，才有可能加快各地区的发展，逐步缩小地区之间的差距。

（三）对我国区域经济现状的分析

地区经济结构是整个国民经济结构的一个重要组成部分。发挥地区经济优势，形成合理的地区经济布局，是地区经济结构调整的根本要求。

从经济发展的实际情况看，地区发展不平衡是普遍规律。我国自开始工业化至今，包括新中国成立后的头 30 年和改革开放以来的 30 多年，总体上地区差距都呈扩大的趋势。我国地域广阔，各地条件差异很大，经济发展不平衡。应当在国家统一规划指导下，按照因地制宜、合理分工、各展所长、优势互补、共同发展的原则，促进地区经济合理布局和健康发展。

各地由于经济发展不平衡所造成的地区之间的差距是历史形成的，缩小差距也需要有一个过程。我们的方针政策就是要立足于发挥两个积极性：既发挥经济发达地区的积极性，也发

---

① 《江泽民论中国特色社会主义》（专题摘编），中央文献出版社 2002 年版，第172 页。

挥经济不发达地区的积极性。经济发达地区要充分利用本身的有利条件和现有基础，能快速发展的要快速发展，争取使经济更快地再上一个台阶，带动和促进经济不发达地区的发展，为国家的现代化建设事业作出更大的贡献。

地区发展不协调主要表现在：地区之间产业结构趋同化严重，产业的地区趋同，地区之间分工与协作程度弱化，地区之间发展差距拉大、不平衡加深，西部地区发展滞后、生态环境质量下降等。

随着改革的深入和开放的扩大，广大中西部地区发展经济的条件也在逐步改善，只要充分发挥自身资源和其他方面的优势，在自己努力和国家支持下，也是完全能够逐步加快发展步伐的。

由于实际情况不同，各地的发展有先一点后一点的差异；在同一时间内，发展的速度有快一点慢一点之别，不可能齐步走。但是，各个地区最终都要达到共同繁荣、共同富裕。这是社会主义制度的要求，是改革和发展的要求，也是维护社会稳定和巩固国家统一的重要条件。从长远的趋势看，地区发展的差距总是会缩小的，而不会越来越扩大，否则，我们的社会就不可能稳定，国家就不可能长治久安。这就是我们在认识和解决沿海与内地之间以及其他地区之间的发展差距问题上应该掌握的一些原则精神。

在实际工作中，我们既要看到这种差距是历史形成的这个客观事实，消除它需要有一个历史过程，不是一朝一夕可以办到的；又要看到在发展过程中，这种差距是要逐步缩小的，办法就是通过一部分人、一部分地区先富起来的带动作用，通过国家的宏观调控和地区自身的努力，在共同发展生产力的基础上，使这种差距逐步缩小，最终达到共同富裕。我们的国民经济是一个统一的整体，各地区的发展是相互支持、相互促进、共同提高的，谁也离不开谁，在发展社会主义市场经济的条件下，各地区在市场中也会有竞争，但竞争的目的仍然是促进共同提高、共同发展、共同繁荣。

在各地的发展中，由于实际情况、发展水平、自然资源、思想观念的不同，所以发展也不可能同步进行。东部地区要充分利用有利的条件，有条件的要继续加快发展，在推进改革开放中实现更高水平的发展，而且有条件的地方要率先基本实现现代化。

事实上，东部地区经济发展较快、基础较好、生产力发展水平较高，应该抓住机遇，继续积极深化改革、健全经济和社会发展的有效制度和良性机制，继续积极发展高新技术产业、培育新的经济增长点，继续积极采用先进科学技术改造传统产业，继续积极扩大对外开放，努力开拓国外市场。所谓让一部分条件、基础较好的地区先富起来，这些地区主要就是东部沿海地区以及大中城市及其周围地区。经过 30 多年的发展，这一政策已收到显著的成效，沿海地区和大中城市及其周边地区确实发展得很快，经济上了一个很大的台阶。

改革开放以来，沿海发达地区运用自身较好的经济基础、优越的地理位置和一些特殊措施，经济和社会发展突飞猛进，积累了相当的实力，相比较而言，西部发展则相对滞后，但西部的发展又十分重要。西部地区的经济发展是保持国民经济持续、快速、健康发展的必然要求，也是实现我国现代化建设第二步战略目标的必然要求。日前，东部地区的进一步发展越来越受到市场、资源、环境等各方面的制约，相当一部分资金、技术和人才资源需要寻找新的发展空间。而西部地区地域广大，自然资源丰富，有巨大的发展潜力，也是一个巨大的潜在市场。

加快发展西部地区，可以促进各种资源的合理配置和流动，为国民经济的发展提供广阔的空间和巨大的推动力量。实施西部大开发，是振兴中华的宏伟战略任务。在社会主义现代化进程中，"没有西部地区的稳定就没有全国的稳定，没有西部地区的小康就没有全国的小康，没有西部地区的现代化就不能说实现了全国的现代化"。[①] 我们现在所说的西部地区，如果包括内蒙古和广西，面积占全国的71.3%，人口占全国的28.5%，国内生产总值占全国的17.8%，西部大开发不仅是西部发展的机遇，也是东部经济比较发达地区的发展机遇，会给全国经济发展以巨大的推动。

东部、中部、西部在自身的发展过程中，应根据各自的不同情况，抓住不同的机遇，采取不同的措施。

从我国区域经济发展现状来看，上述因素在东部地区处于较好状态，因而东部消费需求领先于居民消费，升级首先在东部掀起。经过多年的发展，中部地区的居民收入水平和消费水平不断提高，消费观念不断更新，也陆续具备了消费结构升级的条件，消费增长日趋活跃，消费增长低于东部地区，但高于西部地区，中部消费需求增长在今后几年将不断释放。

党的十六大报告提出"加强东、中、西部经济交流和合作，实现优势互补和共同发展，形成若干各具特色的经济区和经济带"。[②] 在今后的发展中，西部地区要积极实施西部大开发战略，在打好基础、扎实推进的前提下，重点抓好基础设施和生态环境建设，争取十年内取得突破性进展。中部地区要加大结

---

① 《江泽民论有中国特色社会主义》（专题摘编），中央文献出版社2002年版，第177页。

② 《中共十三届四中全会以来历次全国代表大会中央全会重要文献选编》，中央文献出版社2002年版，第670页。

构调整力度，积极推进农业产业化，改造传统产业，培育新的经济增长点，加快工业化和城镇化进程。东部地区要加快产业结构升级，发展现代农业，发展高新技术产业和高附加值加工制造业，进一步发展外向型经济。通过三大地区的协同发展，逐步缩小地区之间的差距，加快推进中国社会主义现代化建设的进程。

"十二五"规划指出，要"充分发挥不同地区比较优势，促进生产要素合理流动，深化区域合作，推动区域良性互动发展，逐步缩小区域发展差距"。① 对于西部，要推动新一轮的大开发，坚持把深入实施西部大开发战略放在区域发展总体战略优先位置，给予特殊政策支持；加强基础设施建设、生态环境保护、发挥资源优势、大力发展科技教育；坚持以线串点、以点带面，推进重庆、成都、西安区域战略合作，推动呼包鄂榆、广西北部湾、成渝、黔中、滇中、藏中南、关中—天水、兰州—西宁、宁夏沿黄、天山北坡等经济区加快发展，培育新的经济增长极。要大力促进中部地区崛起，发挥承东启西的区位优势，重点推进太原城市群、皖江城市带、鄱阳湖生态经济区、中原经济区、武汉城市圈、环长株潭城市群等区域发展。要积极支持东部地区率先发展，发挥其对全国经济发展的重要引领和支撑作用，着力提高科技创新能力、培育产业竞争优势、推进体制机制创新、增强可持续发展能力。

二、缩小城乡差别，提高城镇化水平

党的十六大报告提出，要全面建设小康社会，必须统筹城

---

① 《中华人民共和国国民经济和社会发展第十二个五年规划纲要》，人民出版社2011年版，第51页。

乡经济社会发展，建设现代农业，发展农村经济，增加农民收入。近年来，我国城市和农村经济如何发展，如何创新发展战略，切实解决城乡发展中遇到的一些热点难点问题，成为社会各界广泛关注的焦点。统筹城乡经济社会发展，是在深刻总结几十年来我们在处理城乡关系问题的实践经验基础上而提出的一个大思路、大战略、大举措，是解决城乡发展问题的一个重大创新。要统筹解决城乡经济发展问题，必须把城市和农村紧密地联系起来，综合研究、通盘考虑、大胆创新。农村如何发展，如何实现现代化，是关系战略全局的重大问题。农村能否快速发展，是关系我国实现社会主义现代化的根本问题。要全面建设小康社会，必须高度重视"三农"问题，必须通盘考虑城市和农村的发展问题。农业是国民经济的基础，农村稳定是整个社会稳定的基础，农民问题始终是我国革命、建设、改革的根本问题。这是我们在长期实践中确立的处理农业问题、农村问题和农民问题的重要指导思想。完全可以这样说，"没有农业的牢固基础，就不可能有我们国家的工业；没有农业的积累和支持，就不可能有我国工业的发展；没有农村的稳定和全面进步，就不可能有整个社会的稳定和全面进步；没有农民的小康，就不可能有全国人民的小康；没有农业的现代化，就不可能有整个国民经济的现代化。总之，农业在我国经济和社会发展中的基础地位和战略作用，永远忽视不得，只能加强，不能削弱"。[①] 在我们这样一个人口众多、底子又薄的大国里，农业问题、粮食问题始终是关系国计民生的大问题。农业始终是战略产业，粮食始终是战略物资，必须抓得很紧很紧，任何时候都松懈不得。我们必须立足于粮食自给，而且还要自给有余，

---

　　① 《江泽民论有中国特色社会主义》（专题摘编），中央文献出版社 2002 年版，第 118 页。

因为有一个补歉备荒的问题，以备不时之需。想靠国际粮食市场解决我国农村的问题，这是根本靠不住的，是一种不切实际的危险想法，一旦有事，谁也救不了我们。

农业、农村和农民问题，始终是一个关系我们党和国家全局的根本性问题。"农业、农村和农民问题，关系到改革开放和社会主义现代化事业的大局，关系到党的执政地位的巩固，关系着国家的长治久安。这不但是个重大的经济问题，同时是个重大的政治问题。"① 在加快改革开放和经济发展的形式下，农业的基础地位不能削弱，要作为最根本的产业，优先安排发展。对农民的切身利益和生产积极性不能损害、挫伤，一定要采取坚决措施，切实加以保护。

在全面建设小康社会、实现社会主义现代化的进程中，我们要建立社会主义市场经济体制，必须继续坚定不移地贯彻以农业为基础的方针，坚定不移地把农业放在经济工作的首位。越是加快改革开放，越要重视农业、保护农业、加强农业。新中国成立初期实行依靠农业积累发展工业的战略是必要的。现在条件不同，应该调整结构，包括调整基本建设投资、财政预算内资金、信贷资金结构。宁肯暂时少上几个工业项目，也要保证农业发展的紧迫需要。特别要保证主要农产品的生产和供给，保证农业基础设施建设不断增强，保证贫困地区的开发和建设有较快的进展。在确保农业持续稳定发展的前提下，安排整个国民经济的发展规模和速度，安排工农业两大门类资金投放的比例。

要解决好新时期的"三农"问题，建设社会主义新农村，必须在发展思路上有重大创新。统筹解决城乡经济发展问题，

① 《江泽民论有中国特色社会主义》（专题摘编），中央文献出版社2002年版，第120页。

是我们党总结历史经验、根据新时期经济社会发展的实际而提出的一个重大战略举措。这一战略思路要求我们在解决城乡经济发展的问题上，必须城乡兼顾、通盘考虑、协调发展，努力开拓城乡经济和社会发展的新局面。

在现代化建设进程中，城市化进程滞后于工业化进程会妨碍生产社会化和市场化程度的提高。各地由于经济发展水平和市场发育程度差异很大，因而推进城镇化必须从本地实际出发，走一条符合我国国情、大中小城市和小城镇协调发展的城镇化道路。

城镇化或城市化，其实质都是实现农业人口向非农业人口的转移。大量农村人口的转移和城镇化的推进，将引起生产和生活社会化程度的明显提高，引起市场的扩大，造就许多新的经济增长点。这也就是农村现代化的过程。这是 21 世纪中国经济发展中一个根本性的问题，需要经过长时期的努力。

提高城镇化水平，转移农村人口，可以为经济发展提供广阔的市场和持久的动力，是优化城乡经济结构、促进国民经济良性循环和社会协调发展的重大措施。同时，随着农业生产力水平的提高和工业化进程的加快，我国推进城镇化条件渐渐成熟，要不失时机地实施城镇化战略。今后，随着经济的发展，会进一步形成一批具有一定规模的城市，在一些大中城市集中地域可能会形成以特大城市为中心的城市群和城市圈。

城镇化水平是反映一个国家城乡结构的重要指标。我国的城镇化水平无论是与世界主要国家相比较，还是按现代化标准要求和工业化进程要求来讲，都是比较低的，城镇化进程严重滞后。如果按照生产结构、劳动配置结构以及城乡人口结构分布状况三项综合评价，一般认为，我国的城镇化水平也达不到国际标准。所以，提高城镇化水平是现代化建设的必然要求。

而且，由于我国城市化水平低下，极大地影响了我国经济结构向符合现代化要求的结构转变。要"加快城镇化进程，广开农民就业门路，拓宽增收渠道"。[①] 而发展小城镇则是推进我国城镇化的重要途径。要缩小城乡差距，必须全面繁荣农村经济，加快城镇化进程。要实现"统筹城乡经济社会发展，建设现代农业，发展农村经济，增加农民收入"的目标，[②] 必须坚持党在农村的基本政策，长期稳定并不断完善以家庭联产承包经营为基础、统分结合的双层经营体制。要加强农业的基础地位，推进农业和农村经济结构调整，保护和提高粮食综合生产能力，健全农产品质量安全体系，增强农业的市场竞争力。同时，要逐步提高城镇化水平，坚持大、中、小城市和小城镇协调发展，走中国特色的城镇化道路。发展小城镇是个大战略，小城镇的发展要以现有的县城和有条件的建制镇为基础，科学规划，合理布局，同发展乡镇企业和农村服务业结合起来。要消除不利于城镇化发展的体制和政策障碍，引导农村劳动力合理有序流动。这样才能逐步缩小城乡差距。

三、均衡不是平均、同步，有条件的地方可以率先基本实现现代化

均衡是就总体而言的，是指在发展过程中地区差距、城乡差距、贫富差距不宜过大。但这并不排除有条件的地方可以发展得快一些，并不否定一部分人可以通过诚实劳动和合法经营先富起来。

---

① 《人民日报》，2002年12月11日。

② 《中共十三届四中全会以来历次全国代表大会中央全会重要文献选编》，中央文献出版社2002年版，第668页。

改革开放以来，我们实行一部分地区、一部分人先富起来的政策，实践证明是完全必要的，也是完全正确的。"我们国家这么大，各地状况千差万别，发展很不平衡，不可能按一个模式发展，也不可能同步发展，同步富裕。让一部分条件、基础比较好的地区先富起来，以实际的成绩和成功经验来带动未富的地区也逐步富起来，最终实现共同富裕，这是符合我国经济的客观实际和发展规律的。所谓让一部分条件、基础较好的地区先富起来，这些地区主要就是东部沿海地区以及大中城市及其周围地区。"① 改革开放的实践说明，让一部分条件、基础较好的地区和个人先富起来的政策是完全正确的，收到了显著的成效。在全面建设小康社会、实现社会主义现代化的进程中，东部地区要充分利用有利条件，在推进改革开放中实现更高水平的发展，有条件的地方要率先实现现代化。东部地区在自身发展的过程中，要继续发挥已有的优势，努力率先实现现代化，这样可以增强对中西部地区的辐射带动作用，形成东、中、西部协调发展的格局。"东部地区经济基础较好，生产力发展水平较高，应该抓住机遇，继续积极深化改革、健全经济和社会发展的有效制度和良性机制，继续积极发展高新技术产业、培育新的经济增长点，继续积极采用先进科学技术改造传统产业，继续积极扩大对外开放、努力开拓国外市场"；② "东部地区要充分利用有利条件，争创新优势，更上一层楼，有条件的地方应率先基本实现现代化。"③ 东部地区在自身发展的基础上，有条件的地方率先基本实现现代化，这不仅是东部地区的问题，

① 《江泽民论有中国特色社会主义》（专题摘编），中央文献出版社2002年版，第173—174页。
② 同上书，第174页。
③ 同上书，第175页。

也是关系整个现代化建设全局的战略问题。只有东部地区有条件的地方率先基本实现现代化，才能为广大中西部地区树立良好的榜样，提供丰富的经验，使广大中西部地区在借鉴东部地区的发展道路、发展模式、发展经验的基础上，实现跨越式发展，加快推进广大中西部地区实现现代化的进程。

东部地区在和中西部地区的共同发展中，应形成相互支持、协调发展的局面。东部地区应更加重视中西部地区的发展，本着互惠互利、优势互补、联合发展的原则，通过产业转移、技术转让和联合、联营及合作形式发展生产，加强地区之间经济与技术合作。无论是中部还是中西部，都要适应市场的要求，强化优势互补，胸怀全局，量力而行；东部地区要积极探索形成与中西部地区互惠互利的合作机制，通过各种方式帮助中西部地区加快发展。要加大东部地区与西部地区对口支援的力度，鼓励东部地区的优势企业到西部地区投资办厂、参与开发。因此，东部地区要充分利用一切有利条件，在推进改革开放中实现更高水平的发展，在全面建设小康社会、实现社会主义现代化进程中，要敢于突破已有的发展思路，创造一切有利条件，加快自身的发展速度，在这一过程中，有条件的地方要率先基本实现现代化。广大中西部地区则要加快改革开放和开发，发挥资源优势，发展优势产业。中部地区是我国重要的粮食生产区和传统工业密集工业区，具有承东启西的区位优势。中部地区要结合产业结构调整和西部大开发，加快自己的发展。西部地区地域广大，自然资源丰富，有巨大的发展潜力，也是一个巨大的潜在市场。加快发展西部地区，可以促进各种资源的合理配置和流动，为国民经济的发展提供广阔的空间和巨大的推动力量。中西部地区要适应发展市场经济的要求，加快改革开放步伐，充分发挥资源优势，积极发展优势产业和产品，使资源优势逐步转变为经济优势。中西部地区要加快改革开放，发挥资源优势，发展优势产业。国家要加大对中西部地区的支持力度，优先安排基础设施和资源开发项目，逐步实现规范的财政转移支付制度，鼓励国内外投资者到中西部地区投资。我们强调协调发展，需要在东部地区快速发展的同时，促进和带动中西部地区发展得更好。国务院有关部门要深入研究各地区的发展战略和生产力布局，制定区域发展规划，加大对中西部地区的支持力度，促进区域经济协调发展。广大中西部地区的发展要把立足点放在依靠自己力量的基础上，努力扩大对外开放，加强与东部地区的合作，寻求互惠互利、共同发展的途径，促进广大中西部地区的快速、持续、健康发展。无论是东部地区还是中西部地区，都要适应市场的要求，强化优势互补，胸怀全局，量力而行，加速发展。

实施西部大开发，是一个振兴中华的宏伟战略任务，在实现现代化的进程中具有重要意义，因为没有西部地区的稳定就没有全国的稳定，没有西部地区的小康就没有全国的小康，没有西部地区的现代化就不能说实现了全国的现代化。因此，加快西部地区的经济发展，是保持国民经济持续、快速、健康发展的必然要求，也是实现我国现代化建设第三步战略目标的必然要求。经过30多年的改革和发展，我国的社会生产力上了一个大台阶，过去长期困扰我们的商品短缺状况有了根本改变。东部地区的进一步发展越来越受到市场、资源、环境等各方面的制约，相当一部分资金、技术和人才资源需要寻找新的发展空间。特别是在当前国际市场竞争日趋激烈的情况下，我们必须千方百计地加快西部地区的开发。西部地区地域广大，自然资源丰富，有巨大的发展潜力，也是一个巨大的潜在市场。加快发展西部地区可以促进各种资源的合理配置和流动，为国民

经济的发展提供广阔的空间和巨大的推动力量。只要发展战略
对头、方法得当、措施有力，再加上党的正确领导、广大人民
群众的积极参与和广泛支持，西部大开发一定能够顺利实现，
一定能为我国的社会主义现代化建设作出应有的贡献。在东部、
中部、西部协调发展的进程中，切不可忽视中部地区的发展。
中部和东部、西部地区相比，处于承东启西的重要战略地位，
其作用绝不可忽视。要充分利用中间地带的经济地理位置和自
然资源、社会经济资源的优势，多方面扩展和相互联系。一方
面要借助沿海地带的优势，直接接受沿海地带转移过来的先进
经营管理经验和先进技术以及资金、项目，努力改造提高中部
地区现有的企业，提高科技含量和产品的附加值，多上一些科
技含量高的重点项目；要借助沿海经济特区、开放城市、开放
地带为窗口，开辟产品通向国际市场的途径。另一方面要积极
与西部地区加强联合和合作。要把从东部吸收消化了的先进技
术积极向西部转移，提高西部的经济素质，拓展发展空间，力
争在经济上与西部地区互补，充分发挥自己的比较优势。"中部
地区要加大结构调整力度，推进农业产业化，改造传统产业，
培育新的经济增长点等等，加快工业化和城镇化进程。"①

---

① 《江泽民论有中国特色社会主义》（专题摘编），中央文献出版社 2002 年版，
第 670 页。

第 十 章

开 放 发 展

对外开放是我们必须长期坚持的基本国策。在对外开放过程中,我们要吸收和借鉴世界各国一切先进的文明成果,为我所用,加快推进中国社会主义现代化建设的进程。

一、经济全球化是世界趋势

经济全球化趋势是当今世界经济和科技发展的产物,给世界各国带来难得的发展机遇,同时也带来严峻的挑战和风险。经济全球化本身要求世界各国必须是开放的,只有在开放中,各国之间才能互相取长补短、优势互补、实现跨越式发展。

当今世界的发展是以开放为基本特征的。其中经济全球化是基本趋势,因为这一趋势使各国经济的相互依存、相互影响日益紧密,它要求各国积极参与国际经济合作。经济全球化的过程,就是全球性合作的过程。在这一合作过程中,国际社会的所有成员都应本着责任与风险共担的精神,共同维护世界经济的稳定和发展。

经济全球化趋势是在不公正、不合理的国际经济旧秩序没有根本改变的情况下发生和发展起来的,因而势必继续加大穷国与富国的发展差距。根本的出路在于努力推动建立公正合理的国际政治经济新秩序，以有利于各国共同发展。"我们主张建立公正合理的国际政治经济新秩序。各国政治上应相互尊重，共同协商，而不应把自己的意志强加于人；经济上应相互促进，共同发展，而不应造成贫富悬殊；文化上应相互借鉴，共同繁荣，而不应排斥其他民族的文化；安全上应相互信任，共同维护，树立互信、互利、平等和协作的新安全观，通过对话和合作解决争端，而不应诉诸武力或以武力相威胁。反对各种形式的霸权主义和强权政治。"①

经济全球化使各国间的经济联系日益紧密。以信息技术和生命科技为核心的现代科学技术给人类社会的发展提供了新的强大动力。如何在 21 世纪实现世界的健康、稳定和普遍发展，是摆在各国人民和政治家、企业家面前的紧迫课题。世界科技进步突飞猛进。电子计算机的应用、信息技术的开发，新材料、新能源、基因工程、航天技术等高新技术的运用，使社会生产方式和生活方式发生了重大变化。知识和智力资源的占有、配置、生产和应用已成为经济发展的重要依托。各国的综合国力竞争将更加倚重于科技进步和知识创新。

经济全球化这一世界性趋势，对世界的发展会产生重大影响。概括起来有以下几个方面：第一，经济全球化是社会生产力和科学技术发展的客观要求和必然结果，有利于促进资本、技术、知识等生产要素在全球范围内的优化配置，给各国各地区提供了新的发展机遇，同时也提出了新的挑战。经济全球化趋势要求各国必须对外开放，但各国在扩大开放时应根据本国的具体条件，循序渐进，注重提高防范和抵御风

---

① 《中共十三届四中全会以来历次全国代表大会中央全会重要文献选编》，中央文献出版社 2002 年版，第 689—690 页。

险的能力。第二，经济全球化带来众多的创业机会，但也伴随着更快的技术创新、更短的产品寿命周期、更快捷的资本流动和更激烈的人才竞争。这就要求国际社会应对资本的跨国流动加强有效监管和合理规范，并制定和实施适应市场迅速变化的新的经济技术国际规则，也要求人们掌握更多的知识和技术。第三，经济全球化由于发达国家的主导，使各国各地区在全球发展中的地位和水平进一步出现差异。广大发展中国家面临许多新的挑战，发展更趋艰难，南北贫富差距进一步扩大。这不仅不利于全球经济的健康发展，也不利于地区和世界的和平与稳定。

经济全球化是当今世界的一个基本经济特征。随着生产力的发展和科学技术的进步，技术创新、知识应用、贸易投资和金融活动日益国际化，各国经济的相互交流、相互依存日益加深。经济全球化是社会生产力发展的客观要求和必然结果，有利于生产要素在全球范围内的优化配置，给世界带来了新的发展机遇。当今世界是开放的世界，任何一个国家都不可能完全脱离世界经济而孤立地发展。如能加以正确引导和教育，经济全球化将有利于各国各地区加强经济技术合作，有利于世界经济的发展和国际社会的稳定。正像任何事物具有两面性一样，经济全球化也是一把双刃剑。现在，从世界范围来看，经济全球化是由西方发达国家主导的。他们经济科技实力雄厚，掌握着国际经贸组织以及国际经济规则的主动权，在全球化中获益最大，而广大发展中国家总体上处于不利的地位。西方发达国家，通过跨国公司和它们控制的国际经济组织，加紧向发展中国家进行经济渗透和扩张，在全世界范围内争夺资源和市场，同时极力推行它们的发展模式、政治制度和价值观念，企图通过经济全球化实现资本主义一统天下，这使广大发展中国家的经济主权、国家安全面临着严峻的挑战和威胁。目前的经济全球化进程正在导致南北差距的进一步拉大，一些经济技术条件比较差的发展中国家面临着进一步被边缘化的危险。国际金融市场不稳定的因素很多，一旦出现金融震荡，就会对世界各国特别是发展中国家造成强烈冲击。经济全球化不仅加剧了发达国家之间、发展中国家之间、发达国家与发展中国家之间在资金、技术、市场和资源方面的竞争，也加剧了一些国家内部的矛盾，引发社会冲突。因此，我们要"积极促进经济全球化朝着有利于实现共同繁荣的方向发展，趋利避害，使各国特别是发展中国家都从中受益"。①

进入 21 世纪，经济全球化的趋势继续发展，"以信息技术和生物技术为核心的现代科技突飞猛进，各国的经贸联系日益密切，世界生产力迅速发展，人类认识自然、利用自然和创造生活的能力大大增强"。② 对于经济全球化趋势，各国应互相协调、共同努力、趋利避害，以实现共同发展。"经济全球化是一种客观趋势，有利于促进资金、技术等生产要素在国际社会的流动和优化配置，有利于推动世界生产力的发展。不容忽视的是，在目前的经济全球化进程中，发达国家是主要受益者，而发展中国家受益甚少，有的甚至有被边缘化的危险。国际社会应共同努力，趋利避害，实现共赢共存，使经济全球化朝着有利于世界经济平衡、稳定和持续发展的方向前进，防止'贫者愈贫，富者愈富'现象继续发展。这不仅是实现各国共同发展的需要，也是维护世界和平与稳定的要求"；③ "随着国家之间

① 《中共十三届四中全会以来历次全国代表大会中央全会重要文献选编》，中央文献出版社 2002 年版，第 689 页。
② 《江泽民论有中国特色社会主义》（专题摘编），中央文献出版社 2002 年版，第 523 页。
③ 同上书，第 525 页。

联系的日益紧密，经济上的相互依存和优势互补也越发明显。任何国家都不能置身于国际社会之外，不能脱离世界大市场。经济生活的国际化，要求各国在经济、科技、金融、贸易等领域开展广泛的交流与合作，实行相互开放，摈弃贸易保护主义和贸易歧视政策。"①

100多年来，世界生产力迅速发展，物质财富和精神财富的生产都取得了空前的成就，人类生活状况得到了很大的改善。但也必须看到，在生产力和科学技术迅速发展的同时，发展不平衡的现象始终存在，尤其是南北差距不仅没有缩小，而且不断扩大，广大发展中国家仍比较普遍地存在贫穷和饥饿现象；地区冲突、国际犯罪等问题依然困扰着人们；高新技术产业的发展也面临着一些问题，特别是有效需求相对不足的问题。这说明，要使各国人民都能享受生产力特别是科技进步的成果，实现普遍发展，必须在发展新科技、新产业的同时，对经济结构、经济体制、经济运行机制以及经济发展模式进行改革和更新，以扩大对外开放的水平、程度和层次，实现在开放中发展的目的。

二、在扩大开放中求得更大发展

对外开放是我国的一项长期基本国策，努力提高对外开放水平是我们今后努力的方向。面对经济、科技全球化趋势，我们要以更加积极的姿态走向世界，完善全方位、多层次、宽领域的对外开放格局，发展开放型经济，增强国际竞争力，促进经济结构优化和国民经济素质的提高。

---

① 《江泽民论有中国特色社会主义》（专题摘编），中央文献出版社2002年版，第538—539页。

对外开放的地域要扩大。通过我们的努力，要"形成多层次、多渠道、全方位开放的格局。继续办好经济特区、沿海开放城市和沿海经济开放区。扩大开放沿边地区，加快内陆、自治区对外开放的步伐。以上海浦东开发开放为龙头，进一步开放长江沿岸城市，尽快把上海建成国际经济、金融、贸易中心之一，带动长江三角洲和整个长江流域地区经济的新飞跃。加速广东、福建、海南、环渤海湾地区的开放和开发。力争经过二十年的努力，使广东及其他有条件的地方成为我国基本实现现代化的地区"。①

对外开放的领域要扩展。中国要继续稳步开放市场，加快能源、交通等基础设施的开放步伐，逐步开放金融、保险等服务领域；进一步健全涉外法规体系，保护知识产权，完善贸易投资环境，依法保护外商投资企业权益，实行国民待遇，为中外企业创造平等的竞争条件。对于符合中国情况的产业政策，能带来新技术的外商投资项目的设备进口，中国将重新实行必要的优惠政策。

对外开放的层次要提高。在对外开放的过程中，必须始终注意维护国家的主权和经济社会安全，注意防范和化解国际风险的冲击，防范和抵制各种腐朽思想和生活方式。在世界多极化和经济全球化趋势日益加强的今天，我们要进一步完善有关政策，继续坚定不移地扩大对外开放，不断丰富对外开放的形式和内容，不断提高对外开放的质量和水平。

对外开放的战略要完善。中国要继续大力发展对外贸易，更好地实施以质取胜、市场多元化和科技兴贸战略，扩大服务和服务贸易进出口。中国要坚持积极、合理、有效地利用外资

---

① 《江泽民论有中国特色社会主义》（专题摘编），中央文献出版社 2002 年版，第 188 页。

的政策，继续改善投资环境，扩大利用外资，提高利用外资的质量。中国要进一步扩大对外开放的领域和地域，有步骤地开放银行、保险、电信、贸易等服务领域，推动中西部地区的对外开放。中国要大力发展电子商务，加快信息化进程，支持企业运用现代信息网络技术开展国际合作和交流。中国要积极参加多边贸易体系和国际区域经济合作，全面发展多边和双边经贸关系。

在今后的对外开放中，我们要适应经济全球化的新形势，坚持"引进来"和"走出去"相结合，全面提高对外开放水平。我们要在更大范围、更广领域和更高层次上参与国际经济技术合作和竞争，充分利用国际、国内两个市场，优化资源配置，拓宽发展空间，以开放促改革、促发展。我们要继续实施市场多元化战略，发挥我国的比较优势，巩固传统市场，开拓新市场，努力扩大出口。要坚持以质取胜，提高出口商品和服务的竞争力。优化进口结构，着重引进先进技术和关键设备。深化外经贸体制改革，推进外贸主体多元化，完成有关税收制度和贸易融资机制。要进一步吸引外商直接投资，提高利用外资的质量和水平。逐步推进服务领域开放，通过多种方式利用中长期国外投资，把利用外资与国内经济结构调整、国有企业改组改造结合起来，鼓励跨国公司投资农业、制造业和高新技术产业。大力引进海外各类专业人才和智力支持。改善投资环境，对外商投资实行国民待遇，提高法规和政策透明度。

实施"走出去"战略是对外开放新阶段的重大举措。要鼓励和支持有比较优势的各种所有制企业对外投资，带动商品和劳务出口，形成一批有实力的跨国企业和著名品牌。积极参与区域经济交流和合作。

三、在扩大对外交流、发展对外关系过程中，学习和借鉴其他国家的有益经验

要充分尊重世界各国文明发展的多样性。"多样性是世界存在的本质特征。人类社会的共同进步追求只能通过不同的文明来表达，各国人民的美好生活理想可以通过不同的发展道路来实现。各种文明和各种发展道路应和谐共存，在竞争比较中取长补短，在求同存异中共同进步。各国的发展必然要遵循各自的历史轨迹。处于不同发展阶段的国家应在相互尊重的基础上平等交流、友好合作。"① "世界是丰富多彩的。各国文明的多样性，是人类社会的基本特征，也是人类文明进步的动力。应尊重各国的历史文化、社会制度和发展模式，承认世界多样性的现实。世界各种文明和社会制度，应长期共存，在竞争比较中取长补短，在求同存异中共同发展。我们将继续同各国人民一道，为建设一个持久和平与普遍繁荣的世界而努力。"②

面对动荡不安的外部世界，我们必须"冷静观察，稳住阵脚，沉着应付，韬光养晦，善于守拙，决不当头，有所作为"。"实行这个方针，决不是表明我们软弱、退让，更不是放弃原则，而是考虑到我们面临的错综复杂的国际形势，不要四面出击，到处树敌，同时又要坚持我们的原则立场和独立自主、自力更生、奋发图强的精神。"③ 我们采取这一方针，其目的是要造就一个有利于我国现代化建设和改革开放的国际和平环境，

---

① 《江泽民论有中国特色社会主义》（专题摘编），中央文献出版社 2002 年版，第 526 页。
② 同上书，第 535 页。
③ 同上书，第 527—528 页。

以有利于自己的加速发展。在学习和吸收别国经验的同时，我们必须反对霸权主义和强权政治，维护国家的独立、主权和尊严。"世界的发展变化昭示人们：人民是历史的创造者和推动者。历史洪流回旋跌宕，奔腾不息，人类社会走向进步的趋势不可阻挡。任何国家，再强大，迷信武力，谋求霸权，推行扩张政策，注定要失败。制造借口侵犯他国主权，干涉他国内政，终究自食其果。不顾当代世界丰富多彩的客观实际，企图把自己的社会制度、发展模式和价值观念强加于人，动辄以武力、制裁相威胁，这种霸道行为只能以损人开始，以失败告终。凭借不公正、不合理的国际经济秩序，把自己的发展建立在他国贫困落后的基础上，是不得人心的。企图包揽世界，主宰别国人民命运的做法，越来越行不通了。总之，一切违背时代潮流，违反各国人民根本利益的行径，必然要受到抵制和反对。"[①] 世界各国在相互交往中，正确的做法应该是：坚持尊重各国国情、求同存异、共同提高、共同发展。每个国家都有权根据本国的国情，独立自主地选择自己的社会制度、发展道路和生活方式。

各国历史背景、文化传统、社会制度和价值观念上存在的差异，应该得到尊重，而不应成为发展正常国家关系的障碍，更不应成为干涉别国内政的借口。"我们主张维护世界多样性，提倡国际关系民主化和发展模式多样化。世界是丰富多彩的。世界上的各种文明、不同的社会制度和发展道路应彼此尊重，在竞争比较中取长补短，在求同存异中共同发展。各国的事情应由各国人民自己决定，世界上的事情应由各国平等协商。"[②]

---

① 《江泽民论有中国特色社会主义》（专题摘编），中央文献出版社2002年版，第533—534页。

② 《中共十三届四中全会以来历次全国代表大会中央全会重要文献选编》，中央文献出版社2002年版，第690页。

世界各国在发展过程中，都应当"坚持互利合作、共同发展的原则。发达国家和发展中国家应该相互合作，平等互利，共同发展。要改革不合理的国际经济旧秩序，使之有利于维护世界各国特别是广大发展中国家的权益。任何国家都不得利用自己经济、技术和金融方面的优势，去损害别国的经济安全和发展。"[1] 世界上不同民族、不同历史文化、不同社会制度和不同经济发展水平的国家和地区，应该互相尊重，求同存异，取长补短，和平共处，协商合作，推动建立公正合理的国际政治经济新秩序，努力促进共同发展和繁荣。这是解决目前世界经济发展中存在问题的根本出路，也是推动新经济进一步发展的必要条件。中国是发展中国家，因此，"加强同第三世界国家的团结与合作是我国对外政策的基本立足点，中国一如既往地同发展中国家在维护各自国家的独立主权上相互支持，在经济、文化方面加强交流"；[2] "我们将继续增强同第三世界的团结和合作，增进相互理解和信任，加强相互帮助和支持，拓宽合作领域，提高合作效果。"[3] 在当今世界的历史进程中，广大发展中国家是反对霸权主义与强权政治、促进世界和平与发展的主要力量，是推动建立公正合理的国际政治经济新秩序的主要力量，是我们在国际舞台上的同盟军。要始终把加强同发展中国家的团结与合作，作为我国对外政策的基本立足点，充分发挥我们同发展中国家互相支持的政治优势。

在当代世界历史进程中，广大发展中国家追求和平与发展的信心和决心从来没有动摇过。但在经济全球化的过程中，广

---

① 《江泽民论有中国特色社会主义》（专题摘编），中央文献出版社2002年版，第542页。

② 同上书，第550页。

③ 《中共十三届四中全会以来历次全国代表大会中央全会重要文献选编》，中央文献出版社2002年版，第690页。

大发展中国家既面临着实现更大发展的机遇，也面临着必须应对更大的严峻挑战。为了促进发展中国家的发展，促进世界的和平与发展，广大发展中国家应当注意：第一，加强团结，共同致力于建立公正合理的国际政治经济新秩序。努力推动国际关系的民主化，促进国际经济、金融和贸易体制的改革，维护自身的权利，争取平等发展的权利。第二，加强磋商，全面推进南南合作。这是发展中国家共同应对国际形势变化、提高整体实力和国际地位的重要途径。要努力探讨和开拓合作的新途径、新方式，充分发挥各自优势，挖掘潜力，互助互补，相互促进，赋予南南合作新的活力。第三，应在平等互利的基础上，积极参与南北对话，促进改善南北关系。我们敦促发达国家考虑和照顾发展中国家的利益，共同解决发展中国家资金匮乏、金融脆弱和技术落后等问题。发达国家和发展中国家应相互尊重，开展对话，求同存异，共同发展。第四，要努力增强自我发展的能力。这是发展中国家实现加快发展、增强实力的基本途径。要适应世界发展的潮流，抓住机遇，在充分利用自然资源和人力资源优势的基础上，加快调整经济结构，加强科教事业，发展科技基础产业，争取实现跨越式发展。

中国与世界大国之间应朝着努力发展长期稳定的友好合作关系的方向努力。我们要在和平共处五项原则的基础上，继续改善和发展同发达国家的关系。国与国之间应超越社会制度和意识形态的差异，相互尊重，友好相处。要寻求共同利益的汇合点，扩大互利合作，共同应对人类生存和发展所面临的挑战。对彼此之间的分歧要坚持对话，不搞对抗，从双方长远利益以及世界和平与发展的大局出发，妥善加以解决，反对动辄进行制裁或以制裁相威胁。中国和美国两国人民的友好合作对世界具有重大影响。美国是最发达的资本主义国家，中国是最大的发展中国家。近半个世纪以来，中美关系走过的道路并不平坦。要推进中美关系进一步发展，关键是要正确认识两国的共同利益，妥善处理两国间存在的分歧。为此，应当从以下几点作出努力：第一，两国应当从战略的高度，从世界大局和21世纪的角度看待中美关系。只有站得高，才能看得远，才能把握中美两国的战略和长远利益，才能排除各种阻力和干扰，使中美关系的航程始终保持正确的方向。第二，中美三个联合公报仍然是中美关系的基础。三个联合公报是双方经过长期谈判达成的，尽管国际形势和中美关系本身都发生了很大变化，三个联合公报的基本原则经受了时间的考验，仍然适用于今天。只要三个联合公报得到遵守，中美关系就会发展顺利；相反，就会遭受挫折，甚至倒退。第三，相互尊重，求同存异，平等相待。中美都是大国，两国的历史背景和现实国情不同，我们两国之所以能走到一起，不是因为彼此间有共同的社会制度和意识形态，而是因为彼此间有共同的利益。为了发展和扩大彼此之间的共同利益，就需要双方尊重各自的国情和选择，超越社会制度和意识形态的差异，以一种平等的、协商的、合作的精神处理相互间的一切问题。任何施压、制裁的办法，都是不可取的。第四，十分谨慎地处理台湾问题。台湾问题始终是中美关系中最敏感的问题，也是中方最关切的问题。在21世纪，中美关系要走向新阶段，必须明确以下指导方针：第一，坚持用战略眼光和长远眼光来审视和处理中美关系，牢牢把握两国关系的大局。第二，积极寻求共同利益的汇合点，既要考虑自身的利益，也要考虑对方的利益。第三，恪守中美三个联合公报，这是发展中美关系的基础。第四，本着相互尊重、平等协商、求同存异的精神，正确处理两国间的分歧。第五，妥善处理台湾问题。美国政府曾多次重申，奉行一个中国的政策和遵守中美联合公报。对此，中国表示赞赏，希望美国言必信、行必果。

中国和欧洲国家同是世界舞台上的重要力量，在维护世界和平与稳定、促进经济共同发展等方面，有着广泛的共同的利益。中国正在致力于改革开放和现代化建设，西欧正在努力推进一体化建设，这为加强相互的友好交流与合作提供了新的动力。中国作为世界上最大的发展中国家，有着丰富的人力资源和广阔的市场，西欧作为发达国家最集中的地区，拥有雄厚的资金和先进的技术，双方在经贸、科技等领域的合作具有很强的互补性。中国在同西欧国家发展关系的过程中，应遵循以下四项基本原则：第一，面向21世纪，努力发展长期稳定的友好合作关系。这是双方利益的需要，也是促进世界和平与发展的重要因素。我们双方的合作，不仅要着眼于当前，还要着眼于未来，着眼于21世纪。我们应努力排除各种干扰，使双方的关系始终朝着友好合作的方向前进。第二，应当相互尊重，求同存异。中国同西欧国家的社会制度和价值观念不同，但我们存在着广泛的共同利益。中国在处理国家关系时，不以社会制度和意识形态划界线，始终尊重各国人民自主选择本国的发展道路。我们愿同西欧国家在相互尊重的基础上加强合作，增进信任，不做损害对方的事情，使我们双方真正成为友好相处的平等伙伴。第三，互补互利，促进共同发展。中国同西欧国家互为重要的贸易伙伴，应发挥各自的优势，在平等互利的基础上取长补短，拓宽合作领域，提高合作水平，以利于推动双方经贸关系的全面发展，促进双方经济的共同繁荣。第四，应当加强在国际事务中的磋商与合作。中国同西欧国家对许多重大国际问题有着相同或近似的观点和主张。在世界走向多极化的过程中，我们双方在国际事务中发挥更积极的作用将是一个基本的趋势。

中国愿意通过双边渠道和在国际机构中进一步加强同西欧国家的磋商与合作，为加快建立公正合理的国际政治经济新秩序作出更大的努力。中国和西欧都有自己的悠久历史和灿烂文化，都曾为人类文明进步作出过重大贡献，双方在自然科学、社会科学和文化艺术等领域可以相互交流，共同提高。这些共同点为建立和发展中欧建设性伙伴关系提供了坚实的基础。

中国与俄罗斯同为世界大国，中国政府十分重视发展同俄罗斯的睦邻友好关系，这是我国对外关系的重要方面。当前，中俄两国正致力于建立和发展平等信任、面向 21 世纪的战略协作伙伴关系，这是一种新型的国家关系。它的基本宗旨是：深入发展双边合作，保持长久的睦邻友好，促进两国共同发展与繁荣，造福于两国人民，密切双方在国际事务中的磋商与协调，维护各自的独立、主权和民族尊严，维护各自在国际上应有的地位和正当权益，通过双方合作和共同努力，促进国际局势的缓和与稳定，推动世界多极化趋势的发展和公正合理的国际新秩序的建立。中俄的这种新型关系是双方的协作友好关系，而不是结盟关系。它不针对任何第三国，更不对任何国家构成威胁。它有利于维护本地区和世界的和平与安全，完全符合世界局势与国际关系发展的潮流和需要。中国和俄国在发展友好合作关系的过程中，应注意以下几个方面：第一，加强相互信任理解，坚持以长期睦邻友好精神处理相互关系中的一切问题。第二，相互尊重各自选择的发展道路，不断促进两国关系的正常发展。第三，不管形势如何发展变化，两国发展友好合作关系的基本方针不变。第四，充分利用两国的天时地利条件，积极发展互利互补的经贸关系，促进共同繁荣。第五，加强法律与制度建设，健康有序地开展两国间的人员交往，把中俄边界建设成和平、友好、繁荣的纽带。第六，加强相互磋商与合作，共同为世界的和平、稳定与发展发挥积极作用。

中国和日本是亚洲也是世界上的两个重要国家。两国建立长期稳定的友好合作关系，既有地理的优势，又有历史的渊源，不仅符合两国人民的根本利益，而且有利于亚洲和世界的和平与发展。在今后的发展中，中日两国应注意：第一，要加倍珍惜和维护中日两国人民历尽艰辛共同努力建立起来的睦邻友好关系。中日两国的友好交往源远流长，尽管有过严重的曲折，但睦邻友好是主流。在今后的发展中，有利于中日友好的事要竭尽全力去做；不利于中日友好的事绝不要去做。如果能做到这一点，中日两国的友好关系就能不断向前发展，就能永远做好邻居。第二，要正视中日关系史上出现的那段不幸经历，从中真正吸取历史教训。"前事不忘，后事之师。"历史实践证明，搞军国主义不仅给他国带来深重灾难，危及国际和平与安全，也使本国人民遭受危害，造成国力严重衰退。而今天日本所以发展成为经济大国，得益于走和平发展的道路，得益于同邻国和平相处。因此，无论从日本的国家利益出发，还是从促进亚洲和世界的和平与发展出发，日本都应坚持走和平发展道路，用正确的历史观引导国民和青年一代，而绝不能允许任何形式的军国主义势力重新抬头。这样，中日友好才能不断加强，日本也才能进一步以和平发展的良好形象，获得亚洲国家和国际社会的信任和尊重，从而在国际事务中发挥自己应有的作用。第三，要随着时代的前进推动中日两国关系不断向前发展。我们今天实现了两国友好关系，不仅凝结了两国人民在两千多年交往中形成的传统友谊，也是建立在和平共处五项原则这一当代世界公认的国际关系准则基础之上的。我们应该以长远的观点来审视中日关系，顺应历史潮流，把握时代主题，排除各种干扰，严格按照国际关系的基本原则办事。这样，我们就一定能够真正建立面向21世纪的致力于和平与发展的友好合作伙伴关系。

我们只有在扩大对外交流、发展对外关系的过程中创造一个良好的国际环境，才能促进国内的发展，才能最终实现发展战略的目标。

第 十 一 章

创 新 发 展

　　创新是一个社会、一个政党不断进步发展的强大推动力量。整个人类历史，就是一个不断创新、不断进步的过程。没有创新，就没有人类的进步，就没有人类的未来。在社会主义现代化建设中，要实现发展思路的创新，核心就是进行经济结构的战略性调整。要实现创新，关键在人才；当今世界，争夺人才的竞争异常激烈；能不能创新、有没有创新，关键在于能不能培养造就大批的、高素质的合格人才。创新是个连续不断的过程，创新的结果必然带来社会的深刻变革，推动历史的发展。

一、创新的内涵

　　创新是一个民族进步的灵魂，是国家兴旺发达的不竭动力。如果自主开发能力上不去，一味靠技术引进，就永远难以摆脱技术落后的局面。一个没有创新能力的民族，难以屹立于世界民族之林。我国作为社会主义大国，必须在科技方面掌握自己的命运。必须在学习、引进国外先进技术的同时，坚持不懈地着力提高国家的自主研究开发能力和自主创新能力。

当前，世界科技发展出现了一些重大的新方向。物质科学的研究成果为创造新材料、新能源和清洁高效的工艺提供了新的基础知识；以分子生物学为核心的工程技术酝酿着新的重大突破，为农业和人类健康开辟了全新的前景；信息技术向最广泛的应用领域进军，同科技、经济和文化相结合形成了新的产业；认知科学、心理学和行为科学的进展，为科技教育和经济社会发展带来了新的推动力；宇宙科学大大深化了人们对宇宙起源和演化的认识，为了解物质结构和相互作用提供了新的统一图景；地球科学越来越趋向综合化，为人类探索、保护和合理利用资源和生态环境增加了新的能力。科学技术发展的交叉性、前沿性、多样性，科技知识空前快速的生产、传播和转化，推动了经济社会的巨大发展，使人类文明显示出光明的前程。

随着世界科技的发展，国际社会有一种说法，认为人类社会正在迈向知识经济的新时代。按照经济合作与发展组织（OECD）的定义，知识经济是指建立在知识的生产、分配和应用之上的经济。拥有更多知识的企业是市场竞争的赢家，拥有更多知识的国家有着更高的产出。当今世界的竞争，归根结底是综合国力的竞争，实质则是知识总量、人才素质和科技实力的竞争。中华民族是勤劳智慧的民族，也是富于创新精神的民族，因而我们必须十分重视创新。我们要树立全民族的创新意识，建立国家的创新体系，增强企业的创新能力，把科技进步和创新放在更加重要的战略位置上，使经济建设真正转到依靠科技进步和提高劳动者素质的轨道上来，切实保证全面建设小康社会，顺利实现社会主义现代化建设的发展战略目标。同时，我们还要大胆吸收和借鉴人类社会创造的一切优秀文明成果。中华民族是勤劳智慧的民族，也是富于创新精神的民族，因而我们必须十分重视创新。我们要树立信心，利用世界创造的最新技术成果，并根据自己的实际情况加以利用、创新，实现我国技术、经济发展的跨越。随着世界科技的发展，以信息技术为主要标志的科技进步日新月异，高科技成果向现实生产力的转化越来越快，初见端倪的知识经济与人类的经济社会生活将发生新的巨大变化。世界各国都在抓紧制定面向新世纪的发展战略，抢占科技、产业和经济的制高点。面对新世纪的这种竞争，我们要"迎接未来科学技术的挑战，最重要的是要坚持创新，勇于创新"。[①] 当前，科技创新已越来越成为当今社会生产力的解放和发展的重要基础和标志。中华民族是勤劳智慧的民族，也是富有创新精神的民族。

增强我国的科技创新能力，国有企业负有重要责任，要走在前列。这既是由国有企业在国民经济中所处的地位决定的，也是由国有企业自身发展需要决定的。所谓技术创新，主要是企业应用新知识、新技术和新工艺，采用新的生产方式和经营管理模式，提高产品质量，开发新的产品，增强市场竞争的能力和抵御风险的能力。加强技术创新不仅对我们搞好国有企业具有重大意义，而且对我们提高整个国民经济的质量和效益、提高全社会的劳动生产率、提高我国的国际竞争力都具有决定性的意义。在激烈的国内外市场竞争中，如果国有企业不努力增强技术创新能力，不开发新产品、新品种，不提高产品质量、增强竞争能力，国有企业就不能在激烈的市场竞争中站稳脚跟，就会有被淘汰的危险。

科技进步与创新是发展生产力的决定因素，是经济和社会发展的主导力量。实施科教兴国战略，推动科技进步和创新，对提高国民经济整体素质、增强综合国力具有重要意义。目前

---

① 江泽民：《论科学技术》，中央文献出版社 2001 年版，第 107 页。

我国经济增长中的科技贡献率不高，技术装备比较落后，产品开发创新能力和科技成果转化率低。因此，加快科技进步已经成为促进结构调整、实现社会生产力更大发展的迫切任务。为此，必须大力开展科技创新，增强自主创新能力。没有创新，就没有发展，就没有生命力。企业是技术创新的主体，要鼓励企业跟踪行业技术发展的前沿，引进、消化、吸收国外先进技术，进行自主开发和技术创新，实现技术跨越。要加快老工业基地和传统产业技术的改造步伐，要落实好国家支持技术改造的政策措施，做好选项、论证和实施工作。要加强重要领域的基础研究和技术开发，重大和关键技术要组织全社会的科技力量协同攻关，并力争尽快取得新的突破。

世界科技的突飞猛进引起了经济和社会生活方式的重大变化，尤其是信息网络的迅速发展引起了各国的广泛关注。互联网正在快速地向集成、高性能、智能化的方向发展，逐步变成了一个开发和使用信息资源的覆盖全球的网络，进入人类社会生活的方方面面。信息网络化的迅速发展，对政治、经济、军事、科技、文化、社会等领域产生了深刻的影响。当前，世界各国经济与国际经济的联系更为便捷，相互影响也更直接，突出地表现在网上媒体、网上教育以及网上银行、网上交易、网上营销等电子商务的蓬勃发展。信息网络化直接导致军事领域的革命性变革，空前地提高了军队的信息战、网络战能力，数字化部队建设已开始成为发达国家军队建设的重点。信息网络化还为各种思想文化的传播提供了更便捷的渠道，大量的信息通过网络深入到社会的各个角落，成为当今文化传播的一个重要手段。目前，美国、英国、德国、日本等发达国家都在纷纷投入巨资，议定规划，发展信息网络。在这种形势下，我们必须抓住信息网络化发展带来的机遇，加快发展我国的信息技术和网络技术，并在经济、社会、科技、国防、教育、文化、法律等方面积极加以运用。同时，我们也应高度重视信息网络化带来的严峻挑战。我们要趋利避害，充分运用信息网络化，加快我国的经济、科技和社会发展。

科学的本质就是创新。整个人类历史就是一个不断创新、不断进步的过程。没有创新，就没有人类的进步，就没有人类的未来。对于中国来说，在 21 世纪我们要全面建设小康社会、实现社会主义现代化，必须大力推进科技创新、实现技术发展的跨越，只有如此，才能实现我们的发展战略目标。因此，我们必须紧跟世界潮流，抓住一些对我国经济、科技、国防和社会发展具有战略性、基础性、关键性作用的重大科技项目，抓紧攻关，自主创新。同时，我们也要积极加强同国际科技界的交流与合作，努力学习运用世界先进的科技成果，争取把世界上的一些先进科技成果为我国所用，推进中国的社会主义现代化建设事业。面对世界经济和科技发展的新形势，"我们必须在全国兴起一个科技进步和创新的高潮，必须坚持创新、创新、再创新"。① 当今世界的综合国力竞争，归根结底是科技实力的竞争、高素质人才的竞争。现在，世界科技突飞猛进，日新月异。我国要在日趋激烈的国际竞争中掌握主动，必须大大提高科技创新的能力，必须尽快建立国家创新体系，必须在世界高科技领域占有一席之地。这是关系中华民族能否实现发展战略目标的大问题。

实践基础上的理论创新是社会发展和变革的先导，我们必须通过理论创新推动制度创新、科技创新、文化创新以及其他各方面的创新，不断在实践中探索前进，永不自满，永不懈怠，

---

① 江泽民：《论科学技术》，中央文献出版社 2001 年版，第 224 页。

这是我们要长期坚持的治党治国之道。对理论创新的重要意义，我们必须引起高度重视。

体制创新也非常重要。社会主义改革是在坚持社会主义制度基础上的自我完善和发展。但是，在具体体制上又存在一些弊端，不能适应社会主义现代化建设的需要，不能充分地调动广大人民群众的积极性、主动性和创造性，不能有效地解放和发展生产力。因此，对我们体制中存在的一些弊端，必须进行改革，使我们的上层建筑更加适应经济基础，借以推动生产力的解放和发展，加快推进中国的社会主义现代化建设事业。

没有创新，就没有发展。30 多年来，我们党领导人民进行改革开放和现代化建设之所以能取得伟大成就，都是与我们不断地进行创新分不开的。社会实践是不断发展的，我们的思想认识也必须不断前进，不断根据实践的要求进行创新。

创新，包括理论创新、体制创新、科技创新及其他创新。理论创新，就是要使我们党的基本理论在继承的基础上不断根据新的实践经验、新的思想而向前发展。我们坚持马克思主义，最重要的就是要坚持马克思主义的科学原理和科学精神、创新精神，善于根据客观情况的变化，不断从人民群众的实践中吸取营养，不断丰富和发展理论，使理论更好地指导我们的工作。思想解放、理论创新是引导社会前进的强大力量。

世界的经济科技形势在迅速变化，我国改革开放和现代化建设事业在前进，人民群众的伟大实践在发展，所有这一切都要求我们党必须以马克思主义的理论勇气，不断总结实践的新经验，借鉴当代人类文明的有益成果，在理论上不断扩展事业，作出新概括。只有这样，党的思想理论才能引导和鼓舞全党和全国人民把建设中国特色社会主义事业不断推向前进。"实践基础上的理论创新是社会发展和变革的先导。通过理论创新推动制度创新、科技创新、文化创新以及其他各方面的创新，不断在实践中探索前进，永不自满，永不懈怠，这是我们要长期坚持的治党治国之道。"一代又一代的马克思主义者在实现和发展社会主义事业的历史进程中，通过既继承前人又突破陈规、既排除各种错误倾向的干扰又吸取各种失误的教训，不断解决新课题、开拓新境界、实现新飞跃。党的十七大把科学发展观与马克思主义、毛泽东思想、邓小平理论一起，确立为我们党的指导思想，这正是我们党解放思想、实事求是、理论创新的结果，对建设中国特色的社会主义、实现社会主义现代化，具有重要的指导意义。

科技创新，就是要使科学技术成为我国跨世纪发展的强大推动力量。面对世界正在发生的深刻的新科技革命，我们必须抓住那些对我国经济、科技、国防和社会发展具有战略性、基础性、关键性作用的重要科技课题，抓紧攻关、自主创新。我们要坚持有所为、有所不为的方针，瞄准世界科技发展的前沿领域，力争在有条件的领域实现突破，力争在基础科学上有所发现、在技术上有所发明，努力实现我国科学技术的跨越式发展。科技创新包括很多方面，其中很重要的一个方面就是技术创新。所谓技术创新，主要是企业应用新知识、新技术和核心工艺，采用新的生产方式和经营管理模式，提高产品质量，开发新的产品，增强市场竞争的能力。加强技术创新，最根本的是要在全社会真正形成推动技术创新工作的有效机制。

我们讲创新是一个民族的灵魂，是一个国家兴旺发达的不竭动力，是一个政党永葆生机的源泉。有没有创新能力，能不能进行创新，是当今世界范围内经济和科技竞争的决定性因素。历史上的科学发现和技术突破，无一不是创新的结果。事实上，科学的本质就是创新。要全面建设小康社会，实现社会主义现代化和中华民族的伟大复兴，就必须坚持不断创新，一刻也不能停止创新。面对世界科技进步日新月异的挑战，面对我国现代化建设提出的巨大科技和经济社会发展的需要，我们必须开阔眼界，紧跟世界潮流，抓住那些对我国经济、科技、国防和社会发展具有战略性、基础性、关键性作用的重大课题，抓紧攻关，自主创新。要推动经济和社会的大发展，必须推进科技发展，关键就是要敢于和善于创新。20 世纪，相对论、量子论、基因论、信息论的形成，都是创新思维的成果。正是基于物质科学、生命科学和思维科学等的突破性进展，人类才创造了超过以往任何一个时代的科学成就和物质财富。21 世纪，科技创新将进一步成为经济和社会发展的主导力量。如果我们不加紧努力，我们与世界先进水平的差距就会进一步拉大。掌握前人积累的科技成果，扬弃旧义，创立新知，并传播到社会，不断使之转化成生产力和社会财富，这是知识传承和发展的通途。因此，要实现科学的发展，关键是要能够在已有的基础上不断进行创新。

一个没有创新能力的民族，难以屹立于世界民族之林。没有创新，就没有发展，就没有生命力，也就没有人类的进步和人类的未来。

二、发展思路的创新

我国经济生活中最突出的矛盾就是经济结构不合理。根据世界经济科技发展新趋势和我国经济发展新阶段的要求，21 世纪头 20 年，我们经济建设和改革的主要任务是完善社会主义市场经济体制，推动经济结构战略性调整，基本实现工业化，大力推进信息化，加快建设现代化，保持国民经济持续、快速、健康发展，不断提高人民生活水平。其中，推动经济结构战略性调整具有非常重要的意义。

近年来，一个世界范围的大规模的经济结构调整活动正在各国兴起。美国连续近十年的经济持续增长，在很大程度上得益于20世纪80年代以来以信息化为重点的经济结构调整。信息化的概念起源于20世纪60年代的日本，是从社会产业结构演进的角度提出来的。所谓信息化，就是在工业化过程中，加快信息高科技发展及其产业化，以此推动经济和社会发展。美国1993年推出以"信息高速公路网"建设为目标的计划，推进了信息产业的大发展，形成了美国的"新经济"，并由此引发了一场新的产业革命的浪潮，大力发展知识密集型产业，相应调整和发展金融、信息等现代化服务产业，建立了以技术进步为推动力的新的经济结构。

欧盟针对成员国中存在的结构性缺陷，加快了以体制、产业、就业和技术结构为重点的新一轮改革与调整。日本针对二元结构的缺陷，以进一步实现产业结构高度化为核心，以增强创新能力和竞争力为目标，加快了传统基础产业、信息通信相关产业、生活住宅相关产业的调整步伐，开放和重组了长期受保护的银行业、不动产建筑业、零售业和地方制造业，努力提高这些领域的国际化程度。

事实上，经济结构状况是经济发展水平的重要标志，从一定意义上可以说，经济发展是通过结构的调整和升级实现的。结构不合理是我国经济发展中的突出矛盾，新的发展思路的核心就是对经济结构进行战略性调整。事实上，调整和优化经济结构，是促进经济发展、提高经济增长质量和效益的根本性措施。

随着经济全球化和科技革命的迅猛发展，国际竞争更加激烈；经济结构调整步伐加快。对此，我们要有清醒的认识，增强紧迫感和忧患意识，要积极进取，努力提高我国的综合国力和国际竞争力，绝不能因循守旧，丧失发展机遇。

在我国的社会主义现代化建设进程中，调整和优化经济结构是促进经济发展、提高经济增长质量和效益的根本性措施。经济结构的每一次升级，都会带来经济发展的一个新台阶，这是经济发展的一个规律。目前我国经济生活中的根本问题就是结构不合理，结构调整缓慢。根据我国的实际，考虑世界科学技术加快发展和国际经济结构加速重组的趋势，我们必须对我国的经济结构进行战略性调整。第一，这种调整，不仅要对低水平的、污染环境和浪费资源的落后生产能力进行坚决压缩，又要加快发展短缺的、技术含量高的和有国际竞争力的生产能力，特别要发展高新技术产业。第二，不仅要调整产品结构、产业结构和企业结构，还要对地区和城乡经济结构进行合理调整。第三，不仅要解决当前的市场供求问题，更要提高国民经济的整体素质和效益，着眼于长远发展。如果这件事情做得好，就可以使整个国民经济进入良性循环，社会生产力水平就可以再上一个新台阶，使我们向现代化的目标再迈出一大步。

在结构调整过程中，必须十分注意积极培育和扶持新的经济增长点。这里所讲的新的经济增长点，是指适应我国社会经济发展的客观要求和城乡居民消费结构变化的新趋势，加快发展那些市场需求量大、产业关联度高、科技含量多、经济效益好、带动作用强的产业和产品。要正确处理基础产业和支柱产业的关系，在继续加强基础产业发展的同时，积极促进支柱产业的发展和振兴，开发高新技术产业和产品，使它们逐步形成国民经济新的增长点和成长链。如果不积极培育新的经济增长点，我们整个经济的发展就会缺乏后劲。在扶持和培育新的经济增长点的过程中，还必须十分注意信息化。我们应采取的战略是：在完成工业化的过程中注重运用信息技术，在推进信息化的过程中注重运用信息技术改造传统产业，以信息化带动工业化，发挥后发优势，努力实现技术的跨越式发展。

要搞好结构调整，必须紧紧依靠深化改革和体制创新，以企业为主体。建立社会主义市场经济体制，使公有制与市场经济有机结合起来，必须抓住国有企业改革这个经济体制改革的中心环节。建立和完善社会主义市场经济体制，基础在于企业，最重要的是使国有企业形成适应发展社会主义市场经济要求的管理体制和经营机制。能否搞好国有企业改革，关系到能否保持我国经济的持续、快速、健康发展，能否始终保持改革、发展、稳定相互协调的大局，能否加强和巩固党的执政地位与社会主义制度，能否建立社会主义市场经济体制，能否不断提高人民生活水平、最终实现全体人民的共同富裕，最终直接关系到能否实现我们的发展战略目标。我们必须从战略高度来认识这个问题。

调整优化城乡经济结构，事关社会主义现代化建设的全局。对这个问题，要统筹城乡经济社会发展，建设现代农业，发展农村经济，增加农民收入。统筹城乡经济社会发展，是我们总结现代化建设的实践经验，就处理城乡关系问题而提出的一个大思路、大举措，是解决新时期城乡发展问题的一个重大创新。统筹城乡经济社会发展问题，就要研究和解决我国的整体发展战略问题，应当把城市和农村紧密地联系起来，综合研究、通盘考虑、配套改革、整体推进，要敢于并善于提出新思路、采取新措施、力争大发展。城市和农村是发展问题的两个层面，从经济中心和经济总量看，城市是大头；从人口分布和地域空间看，农村是大头。因此，我们的宏观经济政策、科技开发、对外开放、资金投入、政策倾斜、人才支持等方面，都要有利于城乡统筹经济社会发展，要加大研究力度，采取有效措施，制定发展战略，实现思路创新，力争城市和农村经济社会协调发展。

农业和农村是我国现代化建设的重点，没有农村的现代化就没有中国的现代化，没有农村的大发展就没有中国的大发展。因此，要加强农业的基础地位，推进农业和农村经济结构调整，保护和提高粮食综合生产能力，健全农产品质量安全体系，增强农业的市场竞争力。要积极推进农业产业化经营，提高农民进入市场的组织化程度和农业综合效益；发展农产品加工业，壮大县域经济；开拓农村市场，搞活农产品流通，解决农产品市场体系；农村富余劳动力要向非农产业和城镇转移，要逐步提高城镇化水平，坚持大、中、小城市协调发展，走中国特色的城镇化道路；要坚持党在农村的基本政策，长期稳定并不断完善以家庭联产承包经营为基础、统分结合的双层经营体制；要加大对农业的投入和支持，加快农业科技进步和农村基础设施建设，改善农村金融服务，继续推进农村税费改革，减轻农民负担，保护农民利益；有条件的地方可以按照依法、自愿、有偿的原则进行土地承包经营权流转，逐步发展规模经营。通过这些措施，全面繁荣农村经济，加快城镇化进程，建设社会主义新农村，加快推进社会主义现代化建设的进程。

三、创新的关键是人才

必须坚持实施人才强国战略，着力培养造就高素质的人才队伍。国以才立，政以才治，业以才兴。人才是事业发展最可宝贵的财富。人才问题是关系党和国家事业发展的关键问题。

当今世界的综合国力竞争，归根结底是人才特别是高素质创新型人才的竞争。

（一）科技人才

当今世界，经济、科技、社会发展，说到底是人才的竞争。谁抢占了人才的制高点，谁就掌握了竞争的主动权。我们要全面建设小康社会，实现社会主义现代化和中华民族的伟大复兴，必须大力实施人才强国战略，这是增强我国综合国力和国际竞争力的必然选择，是落实创新发展的关键环节。

没有创新，就没有发展。而要实现创新，关键在人才，尤其是大批科技人才。因为，科学技术是生产力发展的重要动力，是人类社会进步的重要标志。纵观人类文明的发展史，科学技术的每一次重大突破都会引起生产力的深刻变革和人类社会的巨大进步。特别是20世纪第二次世界大战以后，以电子信息、生物技术和新材料为支柱的一系列高新技术取得重大突破和飞速发展，极大地改变了世界的面貌和人类的生活。科学技术日益渗透到经济发展和社会生活的各个领域，成为推动现代生产力发展的最活跃的因素，并且归根结底是现代社会进步的决定性力量。现代国际间的竞争，说到底是综合国力的竞争，关键是科学技术的竞争。

在社会主义现代化建设的过程中，我们提出了科教兴国战略。科教兴国，就是指全面落实科学技术是第一生产力的思想，坚持教育为本，把科技和教育摆在经济、社会发展的重要位置，增强国家的科技实力及向现实生产力转化的能力，提高全民族的科技文化素质，把经济建设转移到依靠科技进步和提高劳动者素质的轨道上来，加速实现国家的繁荣强盛。要落实这一战略指导思想，离不开大批科技工作者和广大优秀的科技人才，因为科技要发展，人才是关键。因此，要尽可能创造条件，鼓励科技人员坚韧不拔地向现代科学技术的深度和广度进军，继续攀登世界科技发展的高峰。科技进步、经济繁荣和社会发展，从根本上说取决于提高劳动者的素质，培养大批人才。科学技术人员是生产力的重要开拓者和科技知识的重要传播者，是社会主义现代化建设的骨干力量。全面建设小康社会、实现社会主义现代化的任务非常艰巨，要落实科教兴国战略，必须培养和造就大批德才兼备的科技人才。

我国航天事业取得的成就和经验表明，只有牢固树立人才资源是第一资源的观念，下大力气培养造就一支能够站在世界科技前沿、勇于开拓创新的高素质人才队伍，才能在激烈的国际竞争中掌握主动，为科技创新提供强大的智慧源泉，为事业发展提供强大的人才支持。我们要切实把教育摆在优先发展的地位，大力发展教育事业和科技事业，大力加强人力资源能力建设。要全面贯彻尊重劳动、尊重知识、尊重人才、尊重创造的方针，用事业凝聚人才、用实践造就人才、用机制激励人才、用法制保障人才，优化人才结构，促进人才成长，不断形成一支德才兼备、结构合理、素质优良的科技人才队伍，努力造就世界一流科学家和科技领军人才，注重培养一线的创新人才和创新团队。要真正发现好、培养好、使用好优秀人才，坚持在创新实践中识别人才、在创新活动中培育人才、在创新事业中凝聚人才，坚持以重大工程项目为平台，充分发挥老一代科技工作者的带领作用和中青年领军人才的骨干作用，特别是要为年轻人才脱颖而出、施展才干提供更大的舞台和更多的机会。要不断完善制度和政策保障，加强科技创新文化建设，营造鼓励创新的环境，形成能够极大提高创新能力和创新效率的体制机制，最大限度地激发科研人员的创新激情和活力，使各方面创新人才大量涌现。

经过多年的精心培养，我国已经拥有了一支宏大的科技队伍。多年来，这支队伍在党的领导下，艰苦奋斗，顽强拼搏，无私奉献，为社会主义现代化建设事业立下了卓著功勋。但同时我们还必须看到，目前我国科技人员的数量和整体水平还不适应全面建设小康社会、实现社会主义现代化建设的要求。因此，加速培养优秀科技人才是一项十分紧迫的战略任务。我们要充分发挥现有科技人员的重要作用，创造人尽其才、才尽其用的社会环境，不断改善他们的工作和生活条件，充分调动他们的积极性和创造性。要根据科技发展的趋势和我国社会主义现代化建设的新要求，深化教育和科技体制改革，培养、造就千百万年青一代科学技术人才，建设一支适应新世纪、新任务需要的宏大科技队伍。科研机构要把人才培养看做是与研究开发同等重要的工作。要重视新世纪青年学术带头人和技术带头人的培养，努力创造青年优秀科技人才，特别是拔尖人才脱颖而出的环境和条件，让他们在关键岗位承担重任，使他们在实践中健康成长。要积极创造条件，热诚欢迎留居海外的科技人员回国工作，或以各种形式为祖国现代化建设服务。我们不但要大力培养各类科学技术人才，还要注重培养善于进行现代经营管理的各类专家。要十分重视在工人、农民和其他劳动者中选拔培养科技人才及各行业的专业技术能手。通过社会各界的努力，形成中华民族的浩浩荡荡的科技队伍，向科技革命进军，向社会主义现代化建设进军。

当今世界，以信息技术为主要标志的科技进步日新月异，高科技成果向现实生产力的转化越来越快，初见端倪的知识经济预示人类的经济社会生活将发生新的巨大变化。世界各国都在抓紧制定面向新世纪的发展战略，争先抢占科技、产业和经济的制高点。面对这种态势，要完成我们实现社会主义现代化强国的伟大历史使命，我们必须适应潮流，乘势而上。

要迎接未来科学技术的挑战，并在挑战中争取主动、立于不败之地，胜利实现全面建设小康社会和胜利实现社会主义现代化建设的宏伟目标，最重要的是要坚持创新、勇于创新。科技创新已经越来越成为当今社会生产力的解放和发展的重要基础和标志。中华民族是勤劳智慧的民族，也是富有创新精神的民族。因此，我们要进一步弘扬我们民族的伟大创新精神，加快建立当代中国的科技创新体系，全面增强我们的科技创新能力。这对于实现我们新世纪发展的宏伟目标，实现中华民族的伟大复兴，是至关重要的。

21 世纪，我们要全面建设小康社会、实现社会主义现代化，任务艰巨、道路艰难，要实现我们的发展战略目标，必须继续促进各种专业人才队伍的年轻化。这是事关我们事业成败的关键，必须引起高度的重视。

（二）领导人才

21 世纪，要顺利实现我们的发展战略目标，需要各方面的人才。随着全面建设小康社会、实现社会主义现代化建设的顺利推进，党和国家对各方面人才的需求必然越来越大。党和人民的事业需要的人才是多方面的，政治、经济、文化、科技、外交、教育、法律、军事等工作的开展，都需要聚集和造就优秀人才。

在这些优秀人才中，我们必须努力造就一支包括党政干部、企业经营管理干部、科学技术干部、教育干部、司法干部、军队干部和其他战线干部组成的高素质领导干部队伍。

在实现新时期奋斗目标的过程中，培养造就一大批高素质的干部队伍，尤其是培养造就一大批高素质的领导人才，也是社会主义现代化建设事业的迫切需要。"政治路线确定之后，干部就是决定因素。培养讲政治、懂全局、善于治党治国的领导人才尤为重要。中国的社会主义事业能不能巩固和发展下去，中国能不能在激烈的国际竞争中始终长盛不衰，关键看我们能不能不断培养造就一大批高素质的领导人才。"①

现在，我们党在一个有 13 亿多人口的大国中执政，在日益复杂、竞争日趋激烈的国际环境中，我们要全面建设小康社会、实现社会主义现代化和中华民族伟大复兴的宏伟战略目标，没有一大批德才兼备的领导干部，肯定是不行的。当今和未来的世界竞争，从根本上说是人才的竞争。

邓小平同志曾经深刻地指出，政治路线确立了，要由人来具体地贯彻执行；由什么样的人来执行，是由赞成党的政治路线的人，还是由不赞成的人，或者是持中间态度的人来执行，结果不一样。毛泽东同志在 1938 年就曾指出，中国共产党是在一个几万万人的大民族中领导革命斗争的党，没有多数德才兼备的领导干部，是不能完成其历史任务的；政治路线确定之后，干部就是决定性的因素，因此，有计划地培养大批新的干部就是我们的战斗任务。在新的历史条件下，一个政党、一个国家，能不能不断培养出优秀的领导人才，在很大程度上决定着这个党、这个国家的兴衰存亡。中国的社会主义事业能不能巩固和发展下去，中国能不能在未来激烈的国际竞争中始终长盛不衰，关键就要看我们党能不能不断培养造就一大批高素质的领导人才。如果这个问题解决得不好，我们就难以在新世纪经受住各种风险的考验，难以实现党和国家既定的奋斗目标。因此，培

---

① 江泽民：《论"三个代表"》，中央文献出版社 2001 年版，第 173 页。

养一支高素质的、适应国内外新形势、新任务需要的领导干部队伍，尤其是培养一大批能够担当历史重任的高素质的领导人才队伍，对我们来讲更显得重要而迫切。

在中国古代历史上，凡有所作为的统治者，都是比较重视人才尤其是各方面领导人才的。汉朝的刘邦在得到天下以后，曾有过一段精彩的论述，他说："夫运筹帷幄之中，决胜于千里之外，吾不如子房。镇国家，抚百姓，给馈饷，不绝粮道，吾不如萧何。连百万之军，战必胜，攻必取，吾不如韩信，此三者，皆人杰也，吾能用之，此吾所以取天下也。"① 在此，刘邦道出了他所以能得天下的原委：重视人才，并因才而用之。可以说，张良、萧何、韩信，都是具备了相当领导能力的高层次领导人才，为汉朝江山都曾立下过汗马功劳。而刘邦则能因才而用之，所以才能夺取天下。相反，项羽之所以失败，固然原因很多，但其中一个重要原因就是不能纳谏如流、充分利用人才。项羽凭借自己的勇力争夺天下，最后的结果是不仅不能夺取天下，而且还招致杀身之祸。"力拔山兮，气盖世"的项羽，在失败时曾感叹"时不利兮"，事实上不是"时"的问题，在这种"时"到来之前，项羽的所作所为早已注定了他必败无疑。范增是项羽的高级谋士，是个人才，项羽不仅不能很好地用他，相反还把他赶走，由此带来的人心涣散、没有远谋、战场失利直至最后的失败，是必然的结果。刘邦高明就高明在能善于纳谏，善于利用各方面的人才，在夺取政权后，他还是非常希望能得到杰出人才，以镇守四方，保证刘汉江山代代相传。

由此，我们也可以悟出一个道理：我们培养的高素质领导干部队伍，必须十分注意人心向背，必须时刻保持与人民心贴

① 《史记卷八·高祖本纪第八》，中华书局1982年版，第381页。

心、心连心，这样才能赢得人民群众的拥护和支持。人心向背，是决定一个政党、一个政权兴亡的根本性因素。中国历史上一个个王朝的覆灭，世界历史上一个个不可一世的大帝国的崩溃，当今世界上一些长期执政的政党的下台，都与人心向背的变化有很大的关系。秦始皇作为我国历史上第一个统一的中国封建帝王，在取得政权以后，好大喜功、横征暴敛，搞得民怨沸腾，不过传至二世秦王朝就灭亡了。隋炀帝从他父亲隋文帝手里接过皇位时，全国的经济实力是比较强的，他开始也想有所作为，重建西域交通，修驰道，筑长城，开通大运河，对维护国家安全和改善交通运输条件是有积极作用的。但他役使人力过度，再加上他穷奢极欲，纵情声色，造成百姓苦不堪言，百姓只能揭竿而起，最后他被迫自缢于江都。唐朝建立后，唐太宗头脑比较清醒，励精图治，纳谏任贤，轻徭薄赋，改革立志，促进了生产力的发展，成就了空前繁荣的"贞观之治"。但后来的统治者忘乎所以，沉醉于声色犬马。各级官吏的贪污贿赂成风，搜刮、欺压百姓，安禄山以"奉命讨伐杨国忠"为名反唐，引发"安史之乱"，唐王朝也就从兴盛走向衰落。这些例子说明，中国历史上的封建王朝很多都走了从得到民心而兴起到失去民心而衰亡的这样一条道路。东欧剧变、苏联解体，国民党在大陆地区的失败和在我国台湾地区失去政权，以及印度尼西亚前总统苏哈托的下台、墨西哥革命制度党在选举中的失败、秘鲁形势的突变和前总统藤森逗留日本不归等，尽管各自的原因很复杂，但人心相背的变化都是其中很重要的一个原因。这些历史的教训必须引起我们的高度重视。我们所建立的高素质的领导干部队伍，必须始终与人民群众保持血肉联系，始终坚持全心全意为人民服务的宗旨不动摇。这是我们的事业能够取得胜利、能够赢得人民群众支持的关键。

　　要培养造就一大批高素质的领导干部队伍，还必须十分注意培养选拔优秀年轻干部。培养和造就一大批思想素质好、文化水平高、领导能力强、实践经验丰富的年轻干部，是我们全面建设小康社会、实现社会主义现代化的一项紧迫而重大的政治任务。年轻干部的健康成长，取决于内因与外因很好的、紧密的结合。一些好的苗子，如果我们没有及时发现并有计划地进行培养和锻炼，也可能就自生自灭了。对于看准了的、有发展潜力的苗子，一定要精心加以培养。培养的正确途径就是真正让年轻干部在工作实践中得到艰苦的磨炼，增长才干和胆识。培养有多种方式，理论教育和学习是培养，基层锻炼是培养，使用也是培养，而且是更重要的培养。一个领导干部的思想水平、工作能力和领导才能，需要在领导工作的实践中形成。没有一定的领导岗位这个舞台，领导才能就无法提高，也难以真正考察和识别干部。对那些基本素质具备的中青年干部，要放到相应的领导岗位上去。实践证明，把年轻干部放到一些关键岗位、艰苦环境和情况复杂、矛盾突出、困难较多的地方去锻炼和培养，对他们的提高有好处。凡是在这些地方和岗位做出实绩的，就继续提拔使用。不愿到困难的地方去，或去了干不出成绩，就不是优秀干部，就不能提拔重用。领导干部必须经受考验。年轻干部如果不知艰苦，不经过摔打，很可能就成为温室里的花朵，是经不起什么风浪的。从积累领导经验的角度讲，使用是最好的培养，是提高和识别干部的最好方法。年轻干部要到艰苦的地方去经风雨、见世面。越是勇于到环境艰苦、困难多的地方和岗位去工作的干部，往往越能在意志、才能和品德等方面得到锻炼，成长也较快较稳定。那些贪图安逸、不愿到艰苦地方和岗位去工作的人，如果不改，不可委以重任。实践出真知，实践练才干，实践增知识，实践出人才。这是年轻干部成长的规律。

（三）理论人才

在我们的人才队伍中，还必须有一大批高素质的理论创新人才。每个时代的进步与发展都是由理论创新开始的，进而成为推动经济和社会发展的巨大物质力量。大批这样的人才，对于全面建设小康社会，实现社会主义现代化，意义非常重大。马克思主义是发展的科学，它认为自然界、社会和人的思维始终处在不断的运动、变化和发展之中，不承认世界上有任何终极状态和终极真理。这就要求我们必须把马克思主义的基本原理同社会主义现代化建设和改革开放的实际紧密结合起来，同时代和世界形势的新发展、新变化紧密结合起来，在坚持马克思主义的实践中丰富和发展马克思主义。

各个时代的马克思主义者，从时代的发展和本国的国情出发，以创造性的态度对待马克思主义，从而才保持了它的巨大的影响和旺盛的生命力。

21世纪，面对许多新的艰巨课题，我们必须增强解放思想、实事求是、与时俱进的自觉性，把大胆探索的勇气同科学求实的精神统一起来，坚持以实践作为检验真理的唯一标准，不断研究新情况、解决新问题、开拓新局面，用在新的实践经验基础上形成的新的理论成果来指导中国特色社会主义的伟大实践。

世界在变化，我国改革开放和现代化建设在前进，人民群众的伟大实践在发展，迫切要求我们党以马克思主义的理论勇气，总结实践的新经验，借鉴当代人类文明的有益成果，在理论上不断扩展创新，作出新概括。只有这样，党的思想理论才能引导和鼓舞全党和全国人民把中国特色社会主义事业不断推向前进。实践基础上的理论创新是社会发展和变革的先导。因此，我们要通过理论创新推动制度创新、科技创新、文化创新以及其他各方面的创新，不断在实践中探索前进，永不自满，永不懈怠，这是我们要长期坚持的治党治国之道。

要进行理论创新，我们必须明确理论是什么。理论就是对实践的总结。一切科学的理论，总是从实践中来，又回到实践中去，接受检验，指导实践，同时在实践中丰富和发展自己。马克思列宁主义是这样，毛泽东思想是这样，邓小平理论也是这样。因此，我们要站在时代前列，立足于新的实践，把握时代特点，运用马克思主义基本原理研究现实中的重大问题，不断深化对共产党执政的规律、对社会主义建设的规律、对人类社会发展的规律的认识，不断吸取一切科学的新经验、新思想、新成果，从而为丰富和发展马克思主义作出新的贡献。

实践没有止境，创新也没有止境。因而，对人才的培养，必须根据实践和发展的需要，培养造就一批又一批、一代又一代适应社会主义现代化建设需要的各方面的人才队伍。培养不好人才，使用不好人才，留不住人才，吸引不了人才，我们的事业就很难向前发展。在现代化建设的实践中，我们要形成一个拴心留人的环境，培养一个争相创新的氛围，努力使优秀人才脱颖而出，发挥才干。

（四）必须做好人才工作

我们要更好地实施人才强国战略，加快推进人才工作体制机制创新，在发现人才、凝聚人才、造就人才、用好人才方面不断取得新进步。

人才是事业发展最可宝贵的财富，人才资源是党执政兴国的根本性资源。夺取全面建设小康社会新胜利，开创中国特色社会主义事业新局面，必须造就一支规模宏大、素质优良、门类齐全、结构合理的人才队伍。

要加大人才资源开发力度。要坚持把实施人才强国战略，同发展先进生产力、先进文化和满足最广大人民的根本利益结合起来，同实施改革发展的重大战略任务结合起来，加快人才资源开发，用抓好人才这个第一资源来支撑发展这个第一要务，使人才工作和人才队伍的发展与经济社会的发展更加协调。

要培养造就大批创新型人才。建设创新型国家，关键是要拥有一大批创新型人才。要以培养和吸引高层次、高技能人才为重点，整体推进创新型人才队伍建设。要实施国家高层次创新人才培养工程，尽快培养造就一批世界一流科学家、科技领军人才和大批经济社会发展急需的高层次人才。同时，要培养造就一大批富有创新意识和创业能力的优秀企业家，造就一支数量充足、结构优化、技艺精湛的高技能人才队伍。要鼓励创新、支持创新、爱护创新，宽容创新失误，使一切创新理念得到尊重、创新举措得到鼓励、创新才能得到发挥、创新成果得到肯定，进一步营造创新型人才脱颖而出、发挥才干的良好环境，最大限度地激发创新型人才的创造活力，最大限度地提高他们的创新能力。要善于发现、大胆使用那些才智出众而又个性特点突出的人才。这类人才往往是某个行业、某个领域、某个方面的拔尖之才、不可多得之才，对他们要正确看待，关心爱护，积极引导，合理使用，使他们为建设创新型国家贡献才干。

要大力推进人才工作体制机制创新。要进一步完善人才工作体制机制，重点在人才评价、流动、激励机制方面取得新突破，激发各类人才的创造活力和创业热情。在健全人才评价机制方面，要健全以业绩为重点，由品德、知识、能力等要素构成的各类人才评价指标体系，改革人才评价方式，深化职称制度改革，开发应用现代人才测评技术，提高人才评价水平。在完善人才流动机制方面，要着力破除人才流动中的体制性和政策性障碍，建立统一规范的人力资源市场，进一步发挥市场在人才资源配置中的基础性作用，积极吸引海外留学人员回国和为国服务，大力培养乡土人才，引导和鼓励各类人才向农村、基层、边远地区和艰苦行业流动。在创新人才激励机制方面，要建立与市场经济相适应、与工作业绩相联系、鼓励人才创新创造的分配制度、奖励制度和福利制度，探索知识、技术、管理等生产要素参与分配的实现形式，健全以政府奖励为导向、用人单位和社会力量奖励为主体的人才奖励体系。同时，要加快人才立法工作步伐，为促进人才健康成长提供可靠法制保障。

要加强对人才工作的战略规划和宏观指导。各级党委要坚持党管人才原则，认真贯彻尊重劳动、尊重知识、尊重人才、尊重创造的方针，按照管宏观、管政策、管协调、管服务的要求，正确处理党管人才与市场配置人才资源、尊重人才成长规律、依法管理人才的关系，坚持用事业凝聚人才、用实践造就人才、用机制激励人才、用法制保障人才。要进一步完善党委统一领导，组织部门牵头抓总，有关部门各司其职、密切配合，社会力量广泛参与的人才工作新格局。要动员和组织全社会力量，发挥各方面积极性，加大人才工作投入，构建人才服务体系，优化人才成长环境，以最好的服务、最优的环境、最大的诚意聚集最广泛的人才、吸引最优秀的人才、留住最需要的人才，共同营造各类人才大量涌现、创造活力竞相迸发、聪明才智充分发挥的生动局面。

在实际工作中，各级党委和政府都要从21世纪我们的发展战略目标出发，着眼于党和国家事业的长远发展和人才的总体需要，紧紧抓住培养人才、吸引人才、用好人才三个环节，大力实施人才战略，特别要重点培养和造就优秀的学科带头人和工程技术的帅才，全面提高专业技术人才的科学素质和创新能力；同时还要十分注意领导人才和理论创新人才的培养、选拔、使用。只有如此，我们的改革开放和现代化建设才能有强大的人才保证，我们各方面的创新才能真正落到实处。要做到这一点，必须做好以下几个方面的工作：

一是必须始终牢固树立人才强国的发展战略指导思想。实施人才强国战略，必须紧紧围绕全面建设小康社会、实现社会主义现代化这个发展战略目标，充分发挥我国的人力资源优势，以人力资源能力建设为主题，以调整和优化人才结构为主线，抓住培养、吸引和使用人才三个环节，着力建设党政人才、企业经营管理人才、专业技术人才三支队伍，努力造就数以千万计的专门人才、一大批拔尖创新人才和一大批善于治党治国的优秀领导人才。为适应新形势、新任务的要求，我们的人才工作要开阔新视野，打开新思路，创造新机制，形成新优势，开创新局面。要通过人才强国战略的实施，广泛调动各方面人才的积极性，把各方面的优秀人才集聚到党和国家的各项事业中来，为全面建设小康社会、实现社会主义现代化和中华民族的伟大复兴而奋斗。

二是要努力做好人才的培养工作。人才培养是人才工作的基础环节。随着经济和社会的发展，人才的培养一定要先行。要尊重人才成长的客观规律，遵循人才供求的客观需要，根据国际国内市场的变化，有计划地培养各类人才，做到各类人才队伍协调发展。要科学制定各类人才的培养目标。对党政领导人才，要在提高理论素养、培养战略思维、树立世界眼光和加强党性锻炼上下功夫，全面提高领导水平和执政水平，提高应付和处置各种复杂局面和突发事件的能力，充分发挥其安国家、全社稷、主兴衰的历史性作用；对企业经营管理人才，要通过建立市场化、外向型培养机制，着力提高他们参与市场、参与竞争尤其是参与国际竞争的能力；对专业技术人才，要通过实施继续教育工程，促进知识更新，着重提高他们的创新能力。人才培养工作要多管齐下，在加快发展普通教育的同时，大力发展成人教育、职业教育和专门培训，鼓励自学成才。要不断研究在实践中培养人才的方式方法，把理论提高与实践锻炼紧密结合起来，把学习知识与培养能力紧密结合起来，促进人才在实践中成长、在使用中提高、在发展中创新。

三是要加强党对人才队伍建设工作的领导。各级领导干部要高瞻远瞩，统揽全局，把握时代发展的潮流，树立科学的世界观。离开了科学的世界观，我们的决策、我们的事业就丧失了坚实的哲学基础。科学的思维、科学的态度、科学的方法，其本质就是解放思想、实事求是。各级领导干部要有识才的慧眼、用才的气魄、爱才的感情、聚财的方法，知人善任，广纳群贤。要通过切实有效的工作，在全党全社会形成尊重知识、尊重人才、促进优秀人才脱颖而出的良好风气。

四是要创新机制，完善政策。我们要加快建立有利于留住人才和人尽其才的收入分配机制，从制度上保证各类人才得到与他们的劳动和贡献相适应的报酬。通过各项工作，努力开创人才辈出的局面。我们要抓紧建立和完善中国特色的人才政策体系和人才工作机制，努力使人才政策更加科学合理，人才机制更加允满活力。要遵循各类人才成长的规律，建立竞争择优的人才选拔机制，为优秀人才脱颖而出创造有利条件。要建立和健全统一有序的人才市场，打破人才的部门、地区、所有制壁垒，打通各类人才队伍之间的交流渠道，建立开放灵活的人才流动机制。对国内紧缺人才，可以有组织地面向海外招聘。积极吸引海外学子和各类人才回国创业。要坚持用事业留人、用感情留人、用适当方法留人，充分利用本地人才，积极引进外来人才。要抓紧建立完善各类人才的评价体系、国家奖励体系和激励制度，充分体现知识的价值、劳动的价值和人才的价值。通过人才制度改革和政策的完善，努力建设适应我国现代化建设需要的人才队伍。

从现在起到21世纪中叶是中华民族振兴的关键时期。我们党将在错综复杂的国际环境中，领导13亿多人民坚持不懈地推进中国特色社会主义事业，全面建设小康社会，加快中华民族伟大复兴的进程，我们的任务光荣而艰巨，我们的道路光明而坎坷。当今世界各国，以经济和科技实力为基础的综合国力的竞争日趋激烈，而且将长期存在。这种竞争，在很大程度上决定于人才的数量和质量的竞争，尤其是领导人才的素质和能力的较量。对于我们来说，这将是决定党、国家和民族在进入新世纪后的前途与命运的竞争和较量。

四、创新必然带来社会的深刻变革

事物的发展是由量变开始的，到一定时候或程度会出现质变；在此基础上又开始新的量变，继而出现新的质变。事物就是处于这种由量变到质变、在新的质变的基础上又开始新的量变这样一种渐进的、持续不断的发展的过程之中。

经过30多年的改革开放，我们的事业取得了突破性进展，基本实现了小康，这是一个很大的变化。但是，我国正处于并将长期处于社会主义初级阶段，现在达到的小康还是低水平的、不全面的、发展很不平衡的小康。所以，我们提出要在21世纪头 20 年全面建设小康社会，使经济更加发展、民主更加健全、科教更加进步、文化更加繁荣、社会更加和谐、人民生活更加殷实。全面建设小康社会的实现，将是一个新的质的变化。然后我们再继续奋斗几十年，到 21 世纪中叶基本实现现代化，把我国建设成富强、民主、文明、和谐的社会主义现代化国家。

在实现发展目标的过程中，我们的体制、科技、理论等都会得到创新和发展，进而会带来社会的深刻变革。这种变革本身应当是在发展进步基础上的变革，应当是历史的发展、社会的进步、人民的物质和文化生活水平日益提高的有机统一。

就科技创新而言，科学技术是第一生产力，科技进步是经济发展的决定性因素。我们要全面建设小康社会、实现社会主义现代化和中华民族的伟大复兴，必须实施科教兴国战略。科学技术特别是高技术的发展，对综合国力、社会经济结构和人民生活有非常大的影响，我们要从国家长远发展需要出发，制定中长期科学发展规划，统观全局，突出重点，有所为、有所不为，加强基础性研究和高技术研究，加快实现高技术产业化。同时，科技创新不能闭关锁国，要引进国外的先进技术。在引进国外先进技术问题上，要有重点地、有选择地引进先进技术，目的是要增强自主创新的能力。通过科技创新，实现我国科学技术方面的跨越式大发展，进而推动经济和社会的全面发展。因此，科技创新的过程是渐进的、长期的过程，其最终结果将促使整个社会发生深刻的变革。

理论创新是社会发展和变革的先导。理论来源于实践，实践是认识的唯一来源和目的。社会的发展以理论创新开始，继而成为推动社会经济、科技、文化、教育、军事等全面发展的强大动力。先进的理论一旦被群众所掌握，就会变成创造社会物质财富、精神财富、推动社会进步的强大物质力量。因此，马克思主义者历来十分重视理论创新的巨大推动作用。我们党正是在实践的基础上，对于中国革命的理论进行了创新和发展，才产生了毛泽东思想，才取得了中国新民主主义革命的胜利；新中国成立后，才能顺利进行社会主义改造，有效探索中国社会主义建设的道路，并取得较大成绩。我们党正是坚持解放思想、实事求是的思想路线，敢于冲破禁区，不断创新和发展，才出现了改革开放的新局面，才产生了邓小平理论。在新的历史条件下，我们正是在继承和发展马列主义、毛泽东思想、邓小平理论的基础上，结合新时期的新形势、新任务，不断地解放思想、实事求是、与时俱进，才开拓了马克思主义的新境界，提出了科学发展观。实践证明：只有通过理论创新，进而推动制度创新、科技创新、文化创新以及其他各方面的创新，不断在实践中探索自然界，永不自满，永不懈怠，这是我们应当长期坚持的治党、治国、治军之道。从理论创新的角度讲，其最终结果也必然会带来社会的进步和发展。

就制度创新而言，实现社会主义的制度创新是我们全面建设小康社会、实现社会主义现代化奋斗目标的必然结果。因为新的制度实质上是一种凝固化的、科学化的具体政策或做法，是现代化建设的最好标尺之一。社会主义制度是在自身基础上不断发展和完善的制度。在社会主义条件下，我们的根本任务是以经济建设为中心，大力发展社会生产力。立足本国国情，总结实践经验，根据社会生产力的现实水平和进一步发展的客观要求，自觉调整生产关系中与生产力不相适应的部分，调整上层建筑中与经济基础不相适应的部分，这就是我们所说的社会主义改革。如果不进行这样的改革，就会窒息社会主义内在的活力和生机，就会严重妨碍社会主义优越性的发挥。社会主义制度不断发展、不断改革和完善的过程，就是社会主义制度不断创新的过程。所以我们讲，要实现发展的目标，制度的创新是非常重要的，也是非常必要的。

我们所进行的改革，是社会主义制度的自我完善和发展，是发扬优势、革除弊端、大胆创新的过程。我们要在党的基本理论、基本路线、基本纲领的指引下，继续坚持和完善公有制为主体、多种所有制经济共同发展的基本经济制度，坚持和完善社会主义市场经济体制，坚持和完善按劳分配为主体的多种分配方式，坚持和完善对外开放；坚持和完善工人阶级领导的、以工农联盟为基础的人民民主专政，坚持和完善人民代表大会制度和共产党领导的多党合作、政治协商以及民族区域自治制度，积极稳妥地推进政治体制改革，进一步扩大社会主义民主，依法治国，建设社会主义法治国家。通过坚持不懈的努力，不断完善社会主义的生产关系和上层建筑，不断为生产力的解放和发展打开更广阔的通途。对改革和体制创新而言，不改革、不进行体制创新，很多问题的解决就没有出路。30 多年的改革实践，为我们进一步深化改革创造了很好的基础。继续推进改革，难度会更大，工作会更复杂。我们必须拿出一往无前的勇气，在体制创新方面取得重大进展，绝不能有畏难情绪。

社会主义的根本任务就是要解放和发展生产力，增强社会主义国家的综合国力，使人民的生活日益改善，不断体现社会主义优于资本主义的特点。我们发展社会主义市场经济，其目的也是要为生产力的解放和发展开辟更广阔的道路。社会主义现代化建设是我们当前最大的政治任务。坚持以经济建设为中心，解放和发展生产力，是解决我国现阶段社会的主要矛盾、巩固和发展社会主义制度的基本途径。坚持党的基本路线不动摇，关键是坚持以经济建设为中心不动摇。30

多年来，我们党之所以能够领导和团结全国各族人民，经受住困难和风险的考验，保持社会政治稳定和经济快速发展，从而使我们的改革开放事业取得了突破性进展，最根本的原因就是我们坚决排除各种干扰，坚定不移地贯彻执行党的基本路线，紧紧抓住以经济建设为中心不动摇，大力发展生产力，迅速提高我们的经济实力，不断满足人民日益增长的物质文化生活的需要。

在 21 世纪，我们要全面建设小康社会、实现社会主义现代化和中华民族的伟大复兴，必须始终坚持以经济建设为中心，大力发展社会生产力。在整个社会主义初级阶段，我们都要把集中力量发展社会生产力摆在首要地位。我国经济、政治、文化和社会生活各个方面还存在着种种矛盾，阶级矛盾由于国际国内因素还将在一定范围内长期存在，但是社会的主要矛盾已经是人民日益增长的物质文化需要同落后的社会生产之间的矛盾，这个主要矛盾将贯穿我国社会主义初级阶段的整个过程和社会生活的各个方面。这决定了我们必须把经济建设作为全党全国工作的中心，各项工作都要服从和服务于这个中心，绝不能干扰这个中心。只有牢牢抓住这个主要矛盾和工作中心，我们才能清醒地观察和把握社会矛盾的全局，有效地促进各种社会矛盾的解决，使我们的经济实力和综合国力迅速提高，才能使社会主义在和资本主义的竞争中始终立于不败之地。

建立社会主义市场经济体制，是我国经济体制改革的目标，其目的是有利于进一步解放和发展生产力。建立和完善社会主义市场经济体制是一个长期发展的过程，是一项艰巨复杂的社会系统工程。它需要我们既坚定方向，又要从实际出发，区别不同情况积极推进；需要我们做持久的努力，始终坚持不懈，又要有紧迫感、历史使命感。在建立社会主义市场经济体制的过程中，计划和市场两种手段相结合的范围、程度和形式，在不同时期、不同领域和不同地区可以有所不同。我们要结合新的实践，大胆探索，敢于试验，及时总结经验，促进体制转换的健康进行。建立社会主义市场经济体制，涉及我国经济基础和上层建筑的许多领域，需要有一系列相应的体制改革和政策调整，必须抓紧制定总体规划，有计划、有步骤地实施。

社会主义市场经济体制是同社会主义的基本制度紧密结合在一起的。建立社会主义市场经济体制本身就是一种创新，但这种创新必须是在坚持社会主义基本制度的前提下进行。如果离开了社会主义基本制度，就会走向资本主义。如果出现这样的局面，中国不但发展不起来、富强不起来，而且连国家和民族的独立也保不住，势必变成帝国主义的附庸，势必变成发达资本主义国家的附庸，就没有什么独立自主可言。所以，要建立社会主义市场经济体制，我们既要努力把社会主义基本制度的优势同市场的优势结合起来，充分利用市场对各种经济信号反应比较灵敏等优点，发挥市场在资源配置中的基础性作用，同时通过宏观调控克服市场经济的盲目性、自发性等弱点和消极方面，使我国社会主义制度的优越性更加充分地发挥出来。

建立社会主义市场经济体制，就是要使市场在国家宏观调控下对资源配置起基础性作用。国家宏观调控和市场机制的作用都是社会主义市场经济体制的本质要求，二者是统一的，是相辅相成、相互促进的。要改革传统的计划经济体制，必须强调充分发挥市场在资源配置方面的基础性作用，不如此，就没有社会主义市场经济。但是，同时也要看到市场存在自发性、盲目性、滞后性的消极方面，这种弱点必须靠国家对市场活动的宏观指导和调控来加以弥补和克服。在社会主义条件下发展市场经济，是我们对马克思主义的新贡献，是时代发展的需要。我们党正是坚持了解放思想、实事求是、与时俱进的思想路线，既继承前人又突破陈规，才丰富和发展了马克思主义。

社会主义市场经济体制的完善和发展，生产力的解放和发展，必然带来经济的大飞跃，从而为社会主义物质文明建设奠定坚实的基础。在此基础上，社会主义政治文明、精神文明、社会文明、生态文明才能有大的发展，才能有物质保证。要建立社会主义市场经济体制，要大力解放和发展生产力，必须改革相应的经济体制、政治体制、文化体制、科技体制等，这一过程的顺利实现，必然带来社会主义制度的创新。

在全面建设小康社会、实现社会主义现代化的历史进程中，科技创新、理论创新、体制创新以及其他各方面的创新，是推动社会进步和发展的强大动力。因而创新成为社会主义历史进程中不可缺少的重要一环，是社会主义现代化建设中丰富多彩的伟大实践的重要组成部分。

创新不能脱离实际，必须与社会主义现代化建设的伟大实践紧密结合。实践的需要是推动创新不断发展的动力源泉。只有在实践的基础上，才能确定创新的方向、内容、方法、措施。而创新所取得的新成果，又为进一步的创新奠定了良好的基础。创新是一个动态的、渐进的、辩证发展的历史过程，它来源于实践，又为实践服务，并和社会主义现代化建设紧密结合在一起。

要使创新富有成效，还必须坚持一定的原则，这些原则包括：第一，必须坚持社会主义的基本制度；第二，必须始终坚持科学发展观；第三，必须实现社会的进步和发展；第四，必须把中国的发展同世界经济、科技、社会的发展紧密结合起来，并根据其发展的趋势，采取正确的措施和战略方针。只有如此，我们才能永远立于不败之地，才能实现中华民族的伟大复兴。

第 十 二 章

城 市 发 展

　　城市，尤其是现代城市的形成和发展，是社会生产力逐步集聚与高度集中的显著标志，也是人类社会进步的具体体现。现代城市不是一个孤立的、封闭的体系，它与邻近的许多城镇、区域有着密切的联系，共同构成一个完整的有机整体。随着经济的发展、城市化的不断深入，城市由分散、孤立，逐步走向区域整体、联动发展，彼此间相互联系、聚合、辐射，最后形成一种群体组织，我们称之为城市群。

一、城市群发展的现状

　　发展城市群具有多重意义，例如它使资源获得更为便利、劳动力分工深化和市场竞争充分，同时，城市群的集聚效应显著，也可以产生较大的正外部效应，有利于物力资本和社会资本的形成。另外，城市群的发展还有助于通过促进分散聚集解决单个城市过度发展所产生的污染和拥挤等问题，更能适应劳动力市场对稳定性和灵活性的双重要求和城市发展专业化和多样性的要求。

　　改革开放以来，东部沿海地区率先形成了长江三角洲、珠江三角洲和京津冀三大城市群，并成为我国参与国际经济竞争的战略高地，我国的现代化建设将出现新的战略格局。近年来中西部地区的一些城市群也在政府的强力推动和市场的双重作用下不断加快发展，正在成为带动区域经济发展和参与竞争的重要力量。

全国许多省区都在谋划构筑省域核心城市群，以提高各自的竞争力，因为城市群拥有比单独城市更加庞大的商品和服务市场，更为专业化的劳动力蓄水池，以及更为广泛和高度发展的运输、电信网络。这些竞争优势使城市群成为经济增长的引擎和全球新的竞争者。随着城市化进程的加快，城市之间的竞争不可避免，但它不应该是盲目、无序的竞争；相反，在城市群的发展过程中，各城市应当彼此合作，共同繁荣，共同发展，实现共赢。

在城市群的发展过程中，资金、技术、人口、信息等都在向区域条件好、经济发展水平高、技术创新能力强的地区集聚，即集聚到大城市，进入到各类现代化产业。

世界发达国家的发展经验表明，在经济飞速发展的今天，地区之间的竞争是城市的竞争，而城市的竞争不再是简单的个体竞争，是产业群之间的竞争和城市群之间的竞争。据世界银行统计：日本的东京、阪神、名古屋3大城市群集中了全国65%的人口和70%的国内生产总值（GDP）；伦敦、巴黎、米兰、慕尼黑和汉堡组成的大都市区，集中了欧盟40%的人口和40%的国内生产总值（GDP）；美国的大纽约区、大洛杉矶区和五大湖区3大城市群的国内生产总值（GDP）达到6.7万亿美元，约占国内生产总值（GDP）的67%。中国的城市发展也揭示：改革开放以来，中国城市化速度是世界同期平均速度的两倍左右，由1978年的17.92%达到现在的44.9%，城市经济对我国国内生产总值（GDP）的贡献率在70%以上。[1] 因此，培育和建设具有较强竞争

① 《光明日报》，2008年12月25日。

力和潜力的城市群，是中部崛起的必由之路。

二、国内主要城市群情况介绍

此处主要介绍长江三角洲、珠江三角洲、京津冀城市群和中部六大城市群。

（一）长江三角洲

长江三角洲地处我国东部沿海地区的中部、长江的入海口。按照国务院 2008 年关于进一步发展"长三角"的指导意见，正式确定将"长三角"扩大到两省一市，即江苏、浙江全省，上海市。面积约为 99600 平方公里，人口约 7500 万。长江三角洲经济区包括上海、南京、苏州、扬州、镇江、泰州、无锡、常州、南通、杭州、宁波、湖州、嘉兴、舟山、绍兴、台州 16 个城市。2008 年，上海市国内生产总值 13698 亿元，居全国各城市之首。[①] 在中心城市的强大辐射力和带动力作用下，苏、浙两省的所有城市接轨上海，实现共赢，推进"长三角"经济一体化，谋求新发展。苏州、杭州、无锡、宁波、南京 5 个城市以路桥交通网络的规划和建设为契机，打造一个"3 小时经济圈"。这里是我国目前经济发展速度最快、经济总量规模最大、最具有发展潜力的经济板块。2008 年的国内生产总值为53952. 91 亿元人民币，合 7877. 1249 亿美元。[②]

长江三角洲是长江中下游平原的一部分。属北亚热带季风气候，雨水充沛，水道纵横，湖荡棋布，向有水乡泽国之称。土地肥沃，农业产水稻、棉花、小麦、油菜、花生、蚕丝、鱼

---

① 上海统计网，http://www.stats-sh.gov.cn/2008shtj/index.asp。
② 同上。

虾等，号称我国著名的"鱼米之乡"和"丝绸之乡"。顾朝林等认为，"长江三角洲城镇群具有特别重要的地位与作用，也是中国融入全球化进程的首要的全球区和全球城市形成区。长江三角洲城镇空间布局应该顺应这些潮流，发展全球城市，建设巨型城市区，组建网络城市，规划走廊城市；在推进全球化战略的过程中，通过行政区划调整整合全球枢纽港建设资源，与全球化和世界工厂发展趋势相结合，充分利用舟山突出的深水岸线资源，建设巨型国际航运中心；长江三角洲全球城市区内建设一批全球城市战略区，推进东南沿海'世界工厂'、全球航运枢纽、全球物流基地等领域的发展"。①

在未来5—10年，长江三角洲城市群将逐步形成以上海为中心的四大圈层：

第一圈层：主要是指上海市这一长江三角洲的首位城市。其集聚国际要素的能力与其对四周的辐射能力都将进一步强化。

第二圈层：包括苏州、嘉兴、南通在内，形成"1小时紧密都市圈"，距离上海100公里以内，各城市间以轨道交通联结、产业互补性强、城市关联度高，是长江三角洲的中心区。

第三圈层：包括南京、镇江、泰州、扬州、湖州、绍兴、宁波等在内的"3小时都市圈"，距离上海300公里以内，是长江三角洲的主体区。随着高速铁路和轨道交通的进一步发展，这一区域与上海的时间距离逐步缩减为以上海为中心的紧密区。

第四圈层：包括江苏、浙江的大部分地区，以及逆江而上的安徽省的芜湖、马鞍山、铜陵、滁州乃至合肥等城市将逐步融入长江三角洲都市连绵区中。

---

① 顾朝林、张敏、张成、张晓明、陈璐、汪淳：《长江三角洲城市群发展研究》，《长江流域资源与环境》（武汉）2007年第6期，第771—775页。转引自中国人民大学复印报刊资料《城市经济、区域经济》2007年第3期，第35—36页。

长江三角洲未来城市空间格局将呈现出以上海为中心，以南京、杭州为次中心，以无锡、宁波为三级中心的"轴线＋圈层"的空间结构特征，城市网络交通系统不断完善，外围空间不断拓展。①

长江三角洲地区是中国交通最为发达的地区之一。新建的虹桥枢纽中心是华东最大的中转站。铁路、公路、机场、航运等组成了发达的交通网络。

（二）珠江三角洲

珠江三角洲通常是指广东、香港、澳门三地构成的区域，面积18.1万平方公里，户籍总人口8679万。

珠江三角洲是全国经济发展最迅速的地区之一。随着经济的快速发展，该地区的社会发展呈现出农村工业化程度高、城乡一体化进程快等特点。

珠江三角洲多雨季节与高温季节同步，土壤肥沃，河道纵横，对农业有利。水稻单位面积产量在中国名列前茅。热带、亚热带水果有荔枝、柑橘、香蕉、菠萝、龙眼、杨桃、芒果、柚子、柠檬等50多种。珠江三角洲形成桑基鱼塘、果基鱼塘、蔗基鱼塘等立体农业结构形式，淡水渔业发达。成为中国生态农业的典范。有制糖、丝织、食品、造纸、机械、化工、建筑材料、造船等工业，有南海明珠之称。

根据《珠江三角洲地区改革发展规划纲要》（2008—2020年），"珠三角"的战略定位是：第一，探索科学发展模式试验区；第二，深化改革先行区；第三，扩大开放的重要国际门户；

---

① 张颢瀚、孟静：《交通条件引导下的长江三角洲城市空间格局演化》，《江海学刊》（南京）2007年第1期，第75—79页。转引自中国人民大学复印报刊资料《城市经济、区域经济》2007年第3期，第40页。

第四，世界先进制造业和现代服务业基地；第五，全国重要的经济中心。

"珠三角"的发展目标为：到 2012 年，率先建成全面小康社会，初步形成科学发展的体制机制，产业结构明显升级，自主创新能力明显增强，生态环境明显优化，人民生活明显改善，区域城乡差距明显缩小，区域一体化格局初步形成，粤、港、澳经济进一步融合发展。人均地区生产总值达到 80000 元，服务业增加值比重达到 53%；城乡居民人均收入比 2007 年显著增长，平均期望寿命达到 78 岁，社会保障体系覆盖城乡，人人享有基本公共服务；城镇化水平达到 80% 以上；每新增亿元地区生产总值所需新增建设用地量下降，单位生产总值能耗与世界先进水平的差距明显缩小，环境质量进一步改善。到 2020 年，率先基本实现现代化，基本建立完善的社会主义市场经济体制，形成以现代服务业和先进制造业为主的产业结构，形成具有世界先进水平的科技创新能力，形成全体人民和谐相处的局面，形成粤、港、澳三地分工合作、优势互补、全球最具核心竞争力的大都市圈之一。人均地区生产总值达到 135000 元，服务业增加值比重达到 60%；城乡居民收入水平比 2012 年翻一番，合理有序的收入分配格局基本形成；平均期望寿命达到 80 岁，实现全社会更高水平的社会保障；城镇化水平达到 85% 左右，单位生产总值能耗和环境质量达到或接近世界先进水平。①

珠江三角洲发展的主要量化目标为：

2012 年目标：

1. 人均地区生产总值：80000 元；2. 服务业增加值比重：53%；3. 平均期望寿命：78 岁；4. 城镇化水平：80% 以上；

---

① 南方报业传媒集团编：《〈聚焦珠三角广东再出发——珠江三角洲地区改革发展规划纲要（2008—2020 年）〉解读》，南方日报出版社 2009 年版，第 6—7 页。

5. 产值超千亿元的新兴产业群：3—5 个；6. 销售收入达千亿元的跨国企业：3—5 家；7. 年主营业务收入超百亿元企业：100家以上；8. 年主营业务收入超千亿元企业：8 家左右；9. 世界名牌产品：8 个；10. 年发明专利申请量：600 件/百万人口；11. 国家重点实验室、工程中心、工程实验室：100 家；12. 研发经费支出占生产总值比重：2.5%；13. 高速公路通车里程：3000 公里；14. 轨道交通运营里程：1100 公里；15. 港口货物吞吐能力：9 亿吨；16. 集装箱吞吐能力：9 亿吨；17. 民航机场吞吐能力：8000 万人次；18. 互联网普及率：90% 以上；19. 家庭宽带普及率：65% 以上；20. 无线宽带人口覆盖率：60% 左右；21. 城镇污水处理率：80% 左右；22. 城镇生活垃圾无害化处理率：90%；23. 城镇户籍从业人员参保率：95% 以上；24. 外来务工人员参保率：80% 以上；25. 农村养老保险参保率：60% 以上；26. 被征地农民参保率：90% 以上；27. 服务贸易占进出口总额的比重：20%。①

2020 年目标：

1. 人均地区生产总值：135000 元；2. 服务业增加值比重：60%；3. 平均期望寿命：80 岁；4. 城镇化水平：85% 左右；5. 先进制造业增加值占工业增加值比重：超过 50%；6. 高技术制造业增加值占工业增加值比重：30%；7. 年主营业务收入超千亿元企业：20 家左右；8. 世界名牌产品：20 个左右；9. 轨道交通运营里程：2200 公里；10. 港口货物吞吐能力：14 亿吨；11. 集装箱吞吐能力：7200 万标箱；12. 民航机场吞吐能力：15000 万人次；13. 广州防洪防潮能力：200 年/遇；14. 深圳防洪防潮能力：200 年/遇；15. 地级市市区防洪防潮能力：50 年/

---

① 南方报业传媒集团编：《〈聚焦珠三角广东再出发——珠江三角洲地区改革发展规划纲要（2008—2020 年）〉解读》，南方日报出版社 2009 年版，第 53—54 页。

遇；16. 重要堤围防洪防潮能力：50—100 年/遇；17. 大中城市供水水源保证率：97% 以上；18. 一般城镇供水水源保证率：90% 以上；19. 单位地区生产总值能耗：0.57 吨标准煤；20. 工业重复用水率：80%；21. 城镇污水处理率：90% 以上；22. 城镇生活垃圾无害化处理率：100%；23. 工业废水排放达标率：100%；24. 人均公园绿地面积：15 平方米；25. 生态公益林面积：90 万公顷；26. 自然保护区（林业系统）：82 个；27. 建成国内一流、国际先进的高水平大学：1—2 所；28. 文化产业增加值占地区生产总值比重：8%；29. 服务贸易占进出口总额的比重：40% 以上；30. 年销售收入超 200 亿美元的本土跨国公司：10 家；31. 现代化无物业增加值占服务业增加值比重：超过 60%；32. 省部产学研技术创新联盟：100 个左右。[①]

（三）京津冀城市群

京津冀城市群跨越北京市、天津市和河北省，除京、津二市外，还包括河北省境内的唐山、秦皇岛、保定、沧州、廊坊、遵化、丰南、迁安、定州、涿州、安国、高碑店、任丘、泊头、黄骅、河间、霸州、三河等，共计 20 个城市，人口 5122 万，土地面积 9.27 万平方公里，分别占京、津、冀地区城市总数的 55.6%，城市总人口的 61.5%，城市面积的 44.2%。

京津冀城市群主要指的是以京津唐为骨干的城市群或城市圈。应该说，这一城市群目前已经具有北京城市圈、天津城市圈和唐山城市圈。

目前，有关专家对京津冀城市群的范围意见不一，因此，有专家称之为京津唐。于维洋认为，京津唐经济区的发展有如

---

① 南方报业传媒集团编：《〈聚焦珠三角广东再出发——珠江三角洲地区改革发展规划纲要（2008—2020 年）〉解读》，南方日报出版社 2009 年版，第 53—54 页。

下特点：一是大中城市数量少，突出了两个特大城市；二是区域内中小城市和小城镇发展相对薄弱；三是水资源不足问题突出；四是环境问题越来越引起关注；五是同类产业争资源、争投资、争人才现象严重；六是政策多元化影响深远。京津唐经济区发展的优势有：一是中国北方最大的工业密集区；二是综合科技实力和区域创新能力；三是中国重要的交通通信枢纽地带，沟通欧洲亚太地区的主要交通通道；四是大型企业相对集中，基础工业实力雄厚，发展潜力极大；五是旅游资源丰富，极富吸引力。京津唐经济区发展存在的问题有：一是市场分割严重，城市拥挤，空气污染严重；二是产业结构趋同，城市分工不明确；三是城市的综合辐射和影响力不突出，城乡差距较大；四是政策支持的力度不强，起步比较晚。因此，要发展京津唐经济区，必须采取相应的思路。①

　　霍兵认为，"大滨海新区"是指环渤海湾之京津冀的滨海地区，包括天津滨海新区的塘沽、汉沽和大港、河北的曹妃甸、黄骅、京唐港和秦皇岛等沿海地区，海岸线长度约500多公里，陆域面积约2万平方公里，占京津冀22万平方公里的10%。"大滨海新区作为京津冀的滨海地区，是京津冀最主要的发展方向和发展空间，要成为具有世界领先水平的、我国新型工业化和城市化的示范区域，成为整个区域发展的前沿和引擎。"②

---

　　① 于维洋：《京津唐经济区协调发展的思路》，《燕山大学学报》哲学版（秦皇岛）2006年第4期，第72—75页。转引自中国人民大学复印报刊资料《城市经济、区域经济》2007年第4期，第24—25页。

　　② 霍兵：《大滨海新区：京津冀空间发展前沿的"第二波"》，《港口经济》（天津）2007年版，第7—9页。转引自中国人民大学复印报刊资料《城市经济、区域经济》2007年第4期，第19页。

（四）中原城市群

中原城市群以河南省省会郑州为中心，包括洛阳、开封、新乡、焦作、许昌、平顶山、漯河、济源在内共9个省辖（管）市，下辖14个县级市、34个县、843个乡镇。区域土地面积约5.87万平方公里，人口4045万，分别占全省土地面积和总人口的35.1%和41%。

中原城市群的区位优势明显，承东启西，连南贯北，交通便利，是河南省经济发展最好的区域。郑州作为河南的省会城市、中原城市群的龙头，大力实施中心城市带动战略，加快构建现代产业体系、现代城镇体系和自主创新体系，进一步强化枢纽城市地位，着力抓好大枢纽、大金融、大物流等区域性功能中心建设，全面提升城市综合承载能力和区域发展服务能力。

在中部六省打造的经济圈中，中原城市群经济总量居首。2008年，中原城市群国内生产总值10563.4亿元。[①]

（五）武汉城市圈

武汉城市圈，又称"1+8"城市圈，是指以武汉为圆心，包括黄石、鄂州、黄冈、孝感、咸宁、仙桃、天门、潜江周边8个城市所组成的城市圈。武汉城市圈国土面积达58051.9平方公里，占湖北全省国土面积的31.2%；区域常住总人口2987.65万（2007年），占全省常住人口的52.5%。[②]

2008年，武汉城市圈实现国内生产总值（GDP）6972.06亿元，增长14.8%，比全省平均水平高1.4个百分点，占全省比重61.5%；固定资产投资3707.97亿元，增长32.3%，占全

---

①　河南统计网，http：//www.ha.stats.gov.cn/hntj/index.htm。

②　湖北统计信息网，http：//www.stats-hb.gov.cn/tjj/。

省比重 63.9%；社会消费品零售总额 3150.42 亿元，增长 23.2%，占全省比重 63.4%。①

在工业发展方面，武汉城市圈的冶金、汽车、机械、化工、建材、纺织、医药、光电子等行业在全国占有重要地位，正在形成以机械工业、化工工业、轻纺工业和光电子信息产业等四大支柱产业，在农业发展方面，传统的粮、棉、油和具有特色的蔬菜、奶业、水产品、林特产品等品种繁多。在服务业发展方面，以武汉为中心，商贸、运输、邮电、金融、科教、旅游、房地产、文化娱乐、信息服务和社区服务等发展优势明显，特别是商贸、金融和科教优势在华中地区比较突出。

武汉城市圈资源丰富，已发现矿产 100 多种。江河湖泊众多，水资源丰富。植被具有南北过渡特征，生物资源较为丰富。

随着全国交通网、信息网的建成和完善，武汉城市经济圈交通通信体系将初步形成。

社会发展方面，武汉城市圈突出 9 市的社会事业资源联动共享，突出城市圈生态功能和生态资源承载力的整体提升，将武汉城市圈打造成人水和谐、绿色宜居、生态文明、可持续发展的生态城市圈。

（六）长株潭城市群

长株潭城市群位于湖南省东北部，包括长沙、株洲、湘潭三市。面积 2.8 万平方公里，人口 1300 万。长沙、株洲、湘潭三市沿湘江呈品字形分布，两两相距不足 40 公里，结构紧凑。人均水资源拥有量为 2069 立方米，森林覆盖率达 54.7%，具有较强的环境承载能力。胡刚认为，"长沙、株洲、湘潭三城市，

---

① 湖北统计信息网，http://www.stats-hb.gov.cn/tjj/。

同处湘江中游，呈'品'字形分布，两两相距45公里左右，有
高速公路、铁路和水运连通，经济联系紧密，产业各具优
势"。[①]

　　2008年，长株潭城市群实现地区生产总值（GDP）4565.24
亿元，比2007年增长14.5%，占全省地区生产总值的40.9%，
所占比重较2007年提高3.1个百分点。长株潭城市群在全省经
济增长中处于举足轻重的位置。[②]

　　钢铁、有色、化工、建材为主体的传统重化产业在长株潭
城市群长期占有支配性地位，被称为优势产业。目前，长株潭
城市群正在大力培育装备制造、电子信息、新材料、有色钢铁、
生物医药、食品加工6大产业集群，形成并发展一批与之配套
的服务业。农业科教资源丰富、城乡结合紧密，依托龙头企业，
抓好优质水稻、花卉苗木、有机茶等基地建设，发展都市农业，
建成现代农业示范基地。

　　长株潭城市群矿产种类繁多，尤以非金属矿独具特色。已
查明的有铁、锰、钒、铜、铅、锌、硫、磷、海泡石、重晶石、
菊花石、煤等50余种，有全国独一无二的菊花石、储量居全国
首位的海泡石，等等。

　　长株潭城市群交通便利。铁路京广复线贯通南北。湘赣、
湘黔、石长线连接东西；公路106、107、319国道与省道、县
道构成网络，四通八达；水运长沙港可通湘、资、沅、澧和长
江各口岸；民航黄花国际机场已开辟国内航线35条。

　　长株潭城市群是我国京广经济带、泛珠三角经济区、长江

----

　　① 胡刚：《共同开发：城市组合多途径》，《现代经济探讨》（南京）2006年第11
期，第49—52页。转引中国人民大学复印报刊资料《城市经济、区域经济》2007年第
4期，第63页。

　　② 湖南统计信息网，http：//www.hntj.gov.cn/。

经济带的接合部，区位和交通条件优越。三市通过资源整合和产业布局，目前已建成了 3 个国家级开发区、2 个国家产业基地。

从 2005 年开始，每年年初均由湖南省长株潭经济一体化办公室组织制定年度经济一体化工作目标任务，三市互动的协调机制正在建立。目前，随着《长株潭城市群总体规划》的出台，有关部门为做好与总体规划的配套协调，正在拟定相应的专项规划。同时，在基础设施、产业、市场、城乡、资源环境一体化方面正在采取措施积极推进，如已经实行了公交同城、通信一体化，等等。

（七）太原都市圈

太原都市圈以山西省省会太原市为中心，以晋中市、吕梁市、阳泉市、忻州市为核心圈，面积 2.5 万平方公里，圈内人口 965.8 万（2005 年数据）。该区域公路、铁路、航空等交通运输体系完备，产业基础雄厚，经济总量占到全省的 40%。① 山西省以加快太原经济圈建设为着力点，围绕"三大基地、四大中心"，以城市交通、通信等基础设施建设为突破口，积极推进太原、榆次同城化，强化太原与圈内城市间的经济联系，积极探索建立政府引导、市场运作、企业为主、社会参与的区域合作机制，深化与周边省市、中部地区和国内各经济区的交流与合作，不断提高太原作为中心城市的辐射力。

2008 年，太原市国内生产总值 1468 亿元，增长速度 8.1%，突出太原中心城市的地位，提高其城市首位度，是太原市发展的当务之急。②

---

① 山西统计信息网，http：//www.stats-sx.gov.cn/。
② 山西统计信息网，http：//www.stats-sx.gov.cn/。

（八）　江淮城市群

江淮城市群包括合肥市、六安市区、巢湖、淮南市区、蚌埠市区、滁州、马鞍山、芜湖、铜陵、池州（部分）、安庆（部分）等11个省辖市。江淮城市群以合肥为核心，以沿江、沿海城市为两翼，人口3100万，面积约6.5万平方公里。

2007年，江淮城市群的地区生产总值为4780亿元，占全省的65.1%。工业国内生产总值（GDP）为2010亿元，占全省的73%；固定资产投资为3462亿元，占全省的71.7%；进出口总值为121.9亿美元，占全省的76.5%。①

中央部属和省属的科研机构、国家与省级研发中心、高新技术企业也都主要集中在江淮城市群，形成以合肥为中心，蚌埠、芜湖为次中心的科教集中区。江淮城市群是全省的工业密集区，也是制造业密集区。规模以上工业企业产值占到全省总量近7成比重，制造业的投资正在向江淮城市群集聚。

在江淮城市群的东部是长三角城市群，连接点在安徽省是马鞍山市、在长三角是南京市，马鞍山市与南京市已经出现"同城化"，而南京都市圈也已经覆盖了江淮城市群的许多城市。江淮城市群既是长三角的"腹地城市群"，又是中部地区的"门户城市群"，因而，江淮城市群在全国的战略地位至关重要。

（九）　昌九城市带

昌九城市带的地理范围包括南昌、九江两个设区市。土地总面积2.6万平方公里，占全省国土面积的15.7%；人口921

---

① 安徽统计信息网，http://www.ahtjj.gov.cn/。

万，占全省总人口的 21.4%。昌九城市带的交通四通八达。
2008 年，南昌市国内生产总值 1650 亿元，同比增长 15.5%，
九江市生产总值 703 亿元，同比增长 13.5%。①

昌九城市带主要以高新技术产业化、家电制造、单体有机
硅、石化、汽车、服装加工等产业集群为主。

三、关于城市群发展的思考

（一）城市群发展应遵循的原则

城市群的发展有其内在的规律性，是区域政治、经济、文
化活动的空间组织形式，必须实现各种生产要素在区域内和区
域间的合理流动和优化配置。因此，在城市群的发展过程中，
应遵循以下原则：

第一，规划先行。此处的规划指城乡规划，包括城镇体系
规划、城市规划、镇规划、乡规划和村庄规划。为加强规划管
理，协调城乡空间布局，改善人居环境，促进经济社会全面、
协调、可持续发展，必须按《中华人民共和国城乡规划法》的
要求，制定城市群发展总体规划。城市群发展的总体规划要考
虑以下要点：一是城市规划的编制必须与国民经济和社会发展
规划、土地利用整体规划、环境保护规划相衔接；二是要将城
市的发展融入区域，力求功能互补；三是要注意产业发展，找
到自己的优势产业；四是要合理布局空间，使各种产业、生产
要素配置最优；五是要改善人居环境，保护历史文化遗产。

第二，以人为本。即创造适宜人的工作、学习、生活、发
展的环境，提高人的生活质量、幸福指数，充分发掘人的发展

---

① 江西统计信息网，http://www.jxstj.gov.cn/Index.shtml。

潜能，尽可能实现人的全面发展。

第三，全面协调可持续。城市群的发展，要实现经济社会发展与人口、资源、环境相协调，统筹好城乡发展、人与自然和谐发展。

第四，数字城市。即将城市管理与信息技术相结合，用数字化的手段来处理、分析和管理整个城市，提升城市的管理水平，打造发达的现代城市。

第五，功能协调，分期建设。城市布局要保障城市功能的整体协调、安全、运转高效；要重点安排好近期、中期、长期建设和发展，集中人力、物力、财力，分期建设，滚动发展，形成良性循环。

（二）城市群发展的主要内容

城市群的发展，主要应考虑以下几个方面的内容：

第一，产业集群是支撑。产业集群必须是产业的聚集，在聚集效益大于聚集成本时城市表现为聚集，在聚集成本大于聚集效益时城市表现为空间发展，在一个更大的城市规模上找到一个新的均衡点，但经济的发展始终会打破固有的均衡，于是城市规模的发展就成为一种趋势。[①] 产业是城市群发展的强大基础。要按照"竞争性、成长性、关联性"的原则选好主导产业，同时要搞好产业集群发展，以此催生出劳动力集聚、人才集聚、服务集聚和消费集聚的共生效应。

第二，科技创新是动力。要有效整合社会科技资源，推动经济、文化、社会与科技的紧密结合，实现产业创新，为城市

---

① 孟祥林：《聚集均衡变动与城市空间扩展的经济学分析》，《广州大学学报》（社会科学版）2007 年第 2 期，第 44—49 页。转引自中国人民大学复印报刊资料《城市经济，区域经济》2007 年第 6 期，第 8 页。

群的发展注入强大动力。在城市群的发展过程中，要充分运用信息技术，打造数字城市，体现城市管理的高水平。

第三，立体交通为突破。应大力发展公共交通，使铁路、公路、轻轨、地铁、航空、水运等多种交通方式协调发展，形成以轨道交通为骨干、常规公交为主体、多种交通方式协调发展的绿色城市交通体系。

第四，适宜人居是根本。城市的发展，不单单是为发展而发展，而是为了创造一个适宜人居的环境，提高人的生活质量，促进人的全面发展。

第五，城市文化是内涵。一个城市的底蕴是否深厚，就要看它的历史遗存是否丰富；同时，还要根据城市的发展，提炼出城市新的文化内涵，形成个性鲜明、特色突出的城市文化。

第六，城乡一体促发展。要充分发挥城市的辐射带动作用，做到城乡同步规划、功能互补、配置最优、协调发展。

第七，生态环境是保障。要做到城市发展与人口、资源、环境相协调，人的发展与自然山水、文化魅力、情感归属相统一。

四、国外主要城市群发展的特点、经验及启示

（一）国外主要城市群

国际上主要以美国东北海岸大城市连绵区、英国东南部大城市连绵区、德国鲁尔大城市连绵区、日本东海道大城市连绵区等为代表。

美国东北海岸大城市连绵区是指美国东北部大西洋沿海地区的一个狭长区域，以波士顿、纽约、费城、巴尔的摩、华盛顿大都市区为核心，跨越12个州和1个特区，南北绵延的距离长达800公里。该区域土地面积不到全国的2%（18万平方公里），但

集聚了全国近 18% 的人口（5200 万）和 25% 以上的国内生产总值（3.2 万亿美元），在世界经济中占据 6% 的份额。当前，该区域已经形成了以金融、保险、房地产、教育、医疗、信息、专业和技术服务等知识密集型产业为核心的产业体系。

当前，该地区面临的主要问题是郊区无序蔓延引起的生态系统退化、土地资源浪费和交通拥堵加剧。1982—1997 年，在人口只增长 7% 的情况下，城镇建设用地却增长了 39%。2004 年，该地区因高速公路拥堵造成损失 149 亿美元。郊区化还引起机动车行驶里程增加，造成能源的大量消耗。以人均汽油消费来看，美国是欧洲的 4 倍，是亚洲城市的 9 倍，严重影响国际能源安全和政治格局。

近年来，美国开始重视区域的统筹协调发展，提出"精明增长（SmartGrowth）"发展理念，取得了较大成效。[①]

以伦敦为中心的英国东南部大城市连绵区，总面积为 2.73 万平方公里，现有人口 1898 万，是英国经济和社会发展水平最高的地区，其国内生产总值占据全英国 15% 的份额，也是公司总部的主要聚集地。这里集聚了全国约 1/4 的研发活动，有 24 所大学、71 所学院和再教育机构、11 处"国家杰出自然景观保护区"。该地区还是英国与欧洲联系的桥头堡，坐落在欧洲最主要的经济发展地区——"蓝色香蕉"范围内，是英国通往欧洲的主要商务通道和英法海峡的主要联系走廊。

与中国目前高速的城镇化进程不同，英国的城市已经进入成熟的发展阶段，变化并不剧烈。但是英国的规划体系包括法规一直处于反思、改革、创新之中，并根据条件变化不断做出调整。[②]

---

① 中国工程院"大城市连绵区"项目组：《中国建设报》2008 年 12 月 23 日。
② 同上。

德国鲁尔大城市连绵区包括 20 个市、11 个地区，总面积 0.71 万平方公里。2004 年，该地区人口 1150 万，占全国人口的 13%。鲁尔大城市连绵区以莱茵河、鲁尔河为纽带，主要经济中心城市有多特蒙德、波鸿、埃森、杜伊斯堡、科隆和波恩等。这个区域早在中世纪时期就形成了比较密集的居民点，现在依然是世界上最大的工业地区之一。鲁尔是世界上最大和开发最早的煤矿之一，依托煤炭资源发展的钢铁、化工等重工业曾在世界上举足轻重，影响力长达百年以上。自 20 世纪 60 年代以来，重工业持续衰退，整个区域进入艰难的转型并取得卓有成效的复兴。

2004 年，鲁尔区域协会（RVR）成立。这个组织的职能是统筹管理鲁尔区的市场，管理环境和休憩设施的设置，制定空间秩序规划，负责地区的地理测绘和地理信息系统管理。鲁尔区域协会希望将鲁尔区变成一个统一的行政管区，行使统一的区域规划和管理权。尽管对这样一个设想还存在很多争议，但其意义在于：改变该地区被四个"管区"的区域规划所割裂的局面，有效整合地区资源，并且探索地区的深入合作机制，为未来的区域管理改革做好准备工作。①

日本东海道大城市连绵区指"从东京到大阪"的太平洋沿岸带状地域，包括京叶、京琦、东京、横滨、静冈、名古屋、岐阜、京都、大阪等地区。该区域面积 7.14 万平方公里，占日本全国面积的 20%，人口超过 6000 万，占全国人口的 50% 以上。集中了全国 2/3 的工业企业、3/4 的工业产值、2/3 的国民收入、80% 以上的金融、教育、出版、信息和研究机构。全国 12 个人口在百万以上的大城市中的 11 个分布在该区域。

---

① 中国工程院"大城市连绵区"项目组：《中国建设报》2008 年 12 月 23 日。

但是，该地区也出现了许多问题：一是东京商务功能不断集聚，迫使居住功能转向城市远郊地区；二是大量农村人口转移到东京、大阪等大城市，造成人满为患，穷人居住环境恶劣。农村人口的流失导致农村生活困难，村落社会大量解体；三是高速工业化时期片面追求经济高增长，导致环境迅速恶化。进入20世纪80年代，在大量生产、大量消费理念的引导下，生活垃圾规模越来越大，新的污染现象不断出现；四是产业与人口大量集中，使区域抵抗自然及人为灾害的能力显著降低。

针对以上问题，日本政府采取了积极措施：一是通过国土综合开发，实施人口和产业疏散，解决过度集中导致的地价飞涨和功能单一问题。在大城市连绵区内部，以首都圈规划为代表，强调分散东京的功能，形成水平网络型的城市结构关系。二是以提高用地效率（容积率），并配合高效的公共交通系统来解决住房和交通问题。日本较早认识到小汽车无法解决大城市连绵区的交通问题，很早就提出城市交通以公共交通为主，大城市交通又以轨道交通为主的方针和策略，从而有效地缓解了区域的交通问题。三是认真解决生态与环境问题。自1967年颁布《环境污染控制基本法》以来，日本先后颁布了近30部相关的法律法规，基本解决了生态与环境问题。四是通过建立国土开发新结构和大规模的产业开发项目来解决地区差异问题，通过"生活圈"的建设来振兴地方经济，控制人口和产业向大城市集中，推进国土的均衡发展。①

（二）国外城市群发展的特点

第一，城市集中平原。在平原地区建设城市成本较低，便

---

① 中国工程院"大城市连绵区"项目组：《中国建设报》2008年12月23日。

于生产要素优化配置。如日本最大的平原是东京附近的关东平原，其次是名古屋附近的浓尾平原和京都、大阪附近的畿内平原。在工业化过程中，这三大平原逐渐发展成三大城市群，它集中了日本全境63.3%的人口和68.5%的国民生产总值。

第二，城际网络畅通。交通运输业和信息产业是国外城市群发展的主要战略突破点。国外城市群大多拥有由高速公路、高速铁路、航道、通信干线、运输管道、电力输送网和给排水管网体系构成的区域性基础设施网络，其中发达的铁路、公路、航道设施构成了城市群空间结构的骨架。在城市群各城市之间，总有一条产业和城镇密集分布的走廊，通过发达的交通、通信网络相连。

第三，城市体系合理。城市群是一个巨大的城市群体，是一个包括大、中、小城市和市镇的城市群体。其中，中心城市在城市群的形成和发展中起着主要作用。中心城市是人口与产业集聚的中心，世界上已形成的城市群中的中心城市都由2个以上大城市或特大城市组成。

第四，规划科学合理。纽约、东京、伦敦、巴黎在城市发展初期，规划都以培育基础条件为主要内容，以提高核心城市的综合实力和辐射带动能力为出发点。待城市群成熟后，规划则更关心可持续发展，从经济、社会、环境、文化等各个方面进行长远规划。

第五，人口分布密集。如日本东京三大经济圈基本上容纳了日本近70%的总人口。

第六，生态环境良好。伦敦作为一个有700多万人口的国际化大都市，绿地规模大，已形成网络化，城市外围建成了环城绿带，平均宽度8公里，最大宽度达30公里，绿带里不准建造房屋和居民点，阻止了城市的过分扩张，又可作为伦敦的农业区、游憩区，保持了原有小城镇的乡野风光。

（三）国外城市群的发展经验

第一，重视政府的作用。政府在推进城市群的发展过程中具有重要作用。1964年，英国创建了"大伦敦议会"，专门负责大伦敦城市群的管理与发展问题。1990年以来，大伦敦地区又先后引入了战略规划指引，以维持整个城市群战略规划的一致和协调。法国巴黎城市群也是如此。1958年巴黎制定了地区规划，并于1961年建立了"地区整顿委员会"，1965年制定的《巴黎地区战略规划》，把巴黎的发展纳入新的轨道中。在政府规划实施的过程中，法国巴黎—里昂城市群就逐渐发展起来。

第二，尊重公众意见。例如，德国政府出台每一项建设项目，首先考虑的因素是人的健康问题；其次考虑环境问题。英国城市改造涉及拆迁问题，必须行使严格的审批程序，如果社区居民对建设项目不同意，或意见不能达成一致，政府就不能强制拆迁。

第三，促进产业集群。产业是城市群发展的支撑。城市群内各主要城市、港口通过垂直和水平分工，形成了各异的职能和优势产业部门，促进了城市群的发展。

第四，注重文化发展。巴黎"优雅之都"的城市形象定位，体现了城市的个性化、城市魅力，塞纳河、埃菲尔铁塔、凡尔赛宫、凯旋门以及时装艺术等显示了城市的个性化、城市空间和人居环境完美结合的独特魅力，城市居民文化素质高。

第五，加强城乡协调。欧洲国家重视协调城市与农村、发达地区和落后地区的发展关系。如英国积极培育新的区域增长极以带动落后地区的发展。

（四）国外城市群发展启示

国外比较典型的大城市群，主要以美国东北海岸大城市群、英国伦敦城市群、德国鲁尔大城市群、日本东海道大城市群等为代表。综观国外城市群的发展，对中原城市群的发展主要有以下启示：

第一，规划科学合理。纽约、东京等在城市发展初期，规划都以培育基础条件为主要内容，待城市群初步建立以后，规划将进一步完善发展作为主要目标。英国是现代城市规划的发源地，其利用规划手段来引导产业布局、促进萧条地区的发展；近年来，英国政府开始重视区域规划，对区域层面的指导作用开始强化。借鉴国外的经验，我们在进行城市群建设时，一定要搞好城市总体规划、镇总体规划，其内容包括：城市、镇的发展布局，功能区分，用地布局，综合交通体系，禁止、限制和适宜建设的地域范围等。同时，应当把规划区范围、规划区内建设用地规模、基础设施和公共服务设施用地、水资源和水系、基本农田和绿化用地、自然与历史文化遗产保护、防灾减灾等内容，作为城市总体规划、镇总体规划的强制性内容写入其中。

第二，建立立体交通体系。利用区位优势，建成立体基础网络设施，是城市群形成的基本条件。城市群形成的基础是优越的地理条件，纽约、伦敦、东京城市群在发展过程中，依托平原，利用港口，结合城市轨道交通、公路、铁路、航空、通信，形成了一套立体交叉的基础设施网络系统，为城市群的发展奠定了良好的基础条件。像日本的东京城市群，仅轨道交通就有 3100 公里，中心城区轨道网的密度达到 0.42

公里/平方公里。无论是"紧凑型城市"还是"精明增长"，或是 TOD 模式与 LUTRAO 计划，都强调发达快捷的城市轨道交通与四通八达的水陆空交通网络。在日本东海道大城市群的发展过程中，日本政府较早认识到小汽车无法解决大城市连绵区的交通问题，较早提出城市交通以公共交通为主、大城市交通又以轨道交通为主的方针和策略，从而有效地缓解了区域的交通问题。这对我国城市群的发展，实现以立体交通建设为城市群发展的突破点，具有重要的借鉴意义。因此，在中原城市群的发展过程中，要加速启动快速城市干道、轨道交通等，形成 9 市公交一体化的内环系统；外环由绕城高速连接各城镇组团，形成高速便捷通道。要通过建设一批高速公路和高速铁路，构筑区域间的大通道、主骨架，将中原城市群的集聚力、带动力通过"1 + 8"城市群辐射出去。要面对省外，加快建成与周边省份相连的高速公路，构筑由高速公路、铁路、航空港等构成的立体交通网，巩固综合交通枢纽地位。

第三，创新能力是关键。自主创新能力是中原城市群发展活力的重要体现。创新能力的强弱关系到城市群发展动力的强弱。发达国家推行的绿色和谐技术创新，如实行企业环境行为公告制度、对清洁生产企业的税收优惠制度、循环经济绿色激励制度、循环经济绿色核算制度等，值得我国城市群发展加以借鉴。

第四，主导产业作用突出。始终占领产业发展制高点，大力发展国家战略产业，获得国家层面的支持，是国外城市群发展的重要经验之一。在发展主导产业的同时，还要重视区域的统筹协调发展。如近年来美国提出"精明增长"（ Smart Growth）的发展理念，对土地开发数量、时机、区位、性质进行调控，通过划定"城市服务边界"来约束郊区无序蔓延；地方政府则针对交通拥堵、污染、温室气体排放等特定问题进行非正式合作，针对跨区域的公共机构和基础设施进行统筹等。这种成功经验，对我国城市群全面、协调、可持续发展、统筹城乡发展有可借鉴之处。

第五，倡导开放的地域文化。国外五大城市群拥有大量的国外出生的移民，这清楚地表明国家经济和城市群经济正变得越来越错综复杂、密不可分。为了吸纳国际熟练劳动力，通过良好的制度环境和文化氛围营造浓郁的亲和力；洛杉矶等全球性城市发展，移民及移民文化发挥了巨大的作用，联邦政府每年都在艾丽斯岛举办庆祝会，颁发"艾丽斯岛移民奖"给有突出贡献的移民。在中原城市群的发展过程中，郑州需要不断研究政策和创造条件，在继续保持对国内高端人才吸引力的同时，重点吸引境外人才来中原城市群居住、工作与创业，使中原城市群真正成为国际人才的良港和栖息地。

第六，制定政策，重视组织的协调作用。制定以中心城市为依托、带动周边地区经济技术发展的城市群政策，是国外城市群发展的成功经验之一。如日本通过建立国土开发新结构和大规模的产业开发项目来解决地区差异问题，通过"生活圈"的建设来振兴地方经济，控制人口和产业向大城市集中，推进国土的均衡发展。国外各城市群在发展过程中建立了协调组织，采取了不同的区域协作模式。如2004年，德国成立了鲁尔区域协会，这个组织成立的意义在于改变了该地区被四个"省区"的区域规划所割裂的局面，有效整合地区资源，并且探索地区的深入合作机制，为未来的区域管理改革做好准备工作。相比之下，我国城市群在发展过程中，组织协调机构不健全，机制不完善，政策优惠的作用未能充分显现，这应当引起我们的高度重视。因此，中原城市群可以通过强化中原城市群管理委员会的职权，工作的重心可从单一的组织城市间协议的签订转向协议签订与项目落实并重，对大城市群内的土地利用开发体系、机场体系、高速公路体系、通勤铁路体系、环保体系等做出全盘规划和统筹安排。

参 考 文 献

《毛泽东选集》（第一卷），人民出版社 1991 年版。

《毛泽东选集》（第二卷），人民出版社 1991 年版。

《毛泽东选集》（第三卷），人民出版社 1991 年版。

《毛泽东选集》（第四卷），人民出版社 1991 年版。

《邓小平文选》（第一卷），人民出版社 1994 年版。

《邓小平文选》（第二卷），人民出版社 1994 年版。

《邓小平文选》（第三卷），人民出版社 1993 年版。

《江泽民文选》（第一卷），人民出版社 2006 年版。

《江泽民文选》（第二卷），人民出版社 2006 年版。

《江泽民文选》（第三卷），人民出版社 2006 年版。

《十六大以来重要文献选编》（上），中央文献出版社 2005 年版。

《十六大以来重要文献选编》（中），中央文献出版社 2006 年版。

《十六大以来重要文献选编》（下），中央文献出版社 2008 年版。

《十七大以来重要文献选编》（上），中央文献出版社 2009 年版。

《中华人民共和国国民经济和社会发展第十二个五年规划纲要》，人民出版社 2011 年版。

梅宪宾：《历史可以作证》，中共中央党校出版社 2006 年版。

梅宪宾：《中原城市群发展战略研究》，中国社会科学出版社 2009 年版。

南方报业传媒集团编：《〈聚焦珠三角　广东再出发——珠江三角洲地区改革发展规划纲要（2008—2020 年）〉解读》；南方日报出版社 2009 年版。

陈强、尤建新：《现代城市管理学概论》，上海交通大学出版社 2008 年版。

倪鹏飞等:《中国城市竞争力报告》(No.6城市:群起群飞襄中华),社会科学文献出版社2008年版。

刘耀彬:《中部崛起背景下的江西省城市发展群培育及其协控路径研究》,经济科学出版社2008年版。

牛凤瑞等:《中国城市发展报告》(No.1),社会科学文献出版社2007年版。

齐晓斋:《城市商圈发展概论》,上海科学技术文献出版社2007年版。

陈群元、喻定权:《我国城市群发展的阶段划分、特征与开发模式》,《现代城市研究》(南京)2009年第2期。

李彦军:《精明增长与城市发展:基于城市生命周期的视角》,《中国地质大学学报》(社会科学版)(武汉)2009年第1期。

王伟:《中国三大城市群经济空间宏观形态特征比较》,《城市规划学刊》(上海),2009年第1期。

刘华军:《区域经济发展模式研究——基于产业集聚持续发展的视角》,《中国财经政法大学学报》(武汉)2009年第1期。

顾文选、高福美、李梦玉:《中国城镇化发展30年》,《城市》(天津)2008年第1期。

周立群、舒萍:《环渤海区域经济发展、问题与对策建议》,《珠江经济》(广州)2008年第7期。

董青、李玉江、刘海珍:《中国城市群划分与空间分布研究》,《城市发展研究》(北京)2008年第6期。

陆大道:《我国区域发展的战略、态势及京津冀协调发展分析》,《北京社会科学》2008年第6期。

胡彬、谭琛居:《区域空间结构优化重组政策研究——以长江流域为例》,《城市问题》(北京)2008年第6期。

陈广汉:《推进粤港澳经济一体化研究》,《珠江经济》(广州)2008年第6期。

刘晓丽、方创琳:《城市群资源环境承载力研究进展及展望》,《地理科学进展》(北京)2008年第5期。

安树伟:《中国区域经济学发展三十年》,《学术界》(合肥)2008年第5期。

秦朝钧、闻志强：《中部两大综合配套改革试验区的战略定位研究》，《三峡大学学报》（人文社科版）（宜昌）2008年第4期。

祝尔娟：《关于京津冀都市圈发展战略问题讨论综述》，《港口经济》（天津）2008年第3期。

后　记

　　发展问题是当代中国的主要问题。我们党在总结了新中国成立以后正反两方面的发展经验及教训、反思其他国家发展的历程以后，结合当代中国实际，提出了科学发展观。

　　党的十七大报告指出，"必须坚持把发展作为党执政兴国的第一要务。发展，对于全面建设小康社会、加快推进社会主义现代化，具有决定性意义。要牢牢扭住经济建设这个中心，坚持聚精会神搞建设、一心一意谋发展，不断解放和发展社会生产力。"同时，要"着力把握发展规律、创新发展理念、转变发展方式、破解发展难题，提高发展质量和效益，实现又好又快发展，为发展中国特色社会主义打下坚实基础。"我们所讲的发展，其目的是不断满足人民日益增长的物质文化生活需要；必须坚持以人为本，我们所做的一切，都是为了实现好、维护好、发展好最广大人民的根本利益。

　　21世纪头20年，我们要全面建设小康社会，在此基础上，再继续奋斗几十年，实现社会主义现代化和中华民族的伟大复兴。我们的目标宏伟而远大，我们的道路艰难而曲折。我们必须矢志不渝，努力奋斗。"要奋斗就会有困难有风险。我们一定要居安思危、增强忧患意识，始终保持对马克思主义、对中国特色社会主义、对实现中华民族伟大复兴的坚定信念；一定要戒骄戒躁、艰苦奋斗，牢记社会主义初级阶段基本国情，为党和人民事业不懈努力；一定要刻苦学习、埋头苦干，不断创造经得起实践、人民、历史检验的业绩；一定要加强团结、顾全大局，自觉维护全党的团结统一，保持党同人民群众的血肉联系。"要实现我们的奋斗目标，巩固和发展社会主义制度，需要几代人、十几代人甚至几十代人坚持不懈地努力奋斗。

在我们党坚强有力的领导下，万众一心，开拓奋进，抓住时机，乘势而上，一定能实现全面建设小康社会、振兴伟大中华民族的目标。

梅宪宾

二〇一一年七月三十日